文言词法概要

刘涛 著

黑龙江大学出版社
HEILONGJIANG UNIVERSITY PRESS
哈尔滨

图书在版编目（CIP）数据

文言词法概要 / 刘涛著. -- 2 版. -- 哈尔滨 : 黑龙江大学出版社, 2024. 6. -- ISBN 978-7-5686-1200-5
Ⅰ. H141
中国国家版本馆 CIP 数据核字第 2024SS7714 号

文言词法概要
WENYAN CIFA GAIYAO
刘涛 著

责任编辑 张永生
出版发行 黑龙江大学出版社
地 址 哈尔滨市南岗区学府三道街 36 号
印 刷 天津创先河普业印刷有限公司
开 本 720 毫米 ×1000 毫米 1/16
印 张 11.75
字 数 198 千
版 次 2024 年 6 月第 2 版 2018 年 4 月第 1 版
印 次 2024 年 6 月第 1 次印刷
书 号 ISBN 978-7-5686-1200-5
定 价 47.00 元

前　言

在多年的古代汉语教学实践中，笔者发现初学者由于对古代汉语词法知识所知甚少，往往是通过套用现代汉语词法规律来解决古代汉语学习和阅读中遇到的词法问题，遂萌发了撰写一本与古代汉语词法基础知识有关的书，以供初学者参看。

所谓古代汉语词法，是指古代汉语中的词在语法上的分类以及各类词的变化规律和变化形式等。词类是根据词的语法功能和语法意义而划分的类别。划分词类是为了理解语言的组织规则，也就是为了理解词的语法特点和语法功能，有助于分析语言的语法结构。

本书将古代汉语中的词分为名词、动词、形容词、数词、量词、代词、副词、叹词、介词、连词和语气词等类别。同时，根据是否能够独立充当句子成分，又将词划分为实词和虚词：能够独立充当句子成分的为实词，包括名词、动词、形容词、数词、量词、代词、副词和叹词；不能独立充当句子成分、只有一定语法意义的为虚词，包括介词、连词、语气词。

全书共用十一章分别对各类词进行了介绍，并主要分析了某类词在句法结构中与其他类词相互组合的能力和该类词充当句子成分的能力，也比较分析了部分词类的古今相同点与不同点，尤其是重点介绍了各类实词的语法特点、语法功能以及部分实词古今运用方面的异同，同时分析了各类虚词中较为习见的个体虚词的实际功用。

需要强调的是，本书侧重先秦词法探究，所举例句也以先秦文献为主，略有甲、金文献及秦汉以降作品中的范例。

在撰写本书的过程中，笔者努力吸取各家所长和总结以往古代汉语文言词法的研究成果，凡此皆已一一注明，以备有兴趣的读者参研。

刘　涛

2024 年 7 月

目　　录

第一章　名词

名词是表示人或事物的名称的词，包括人、事物、处所、方位等名称。

一、名词的种类

1. 普通名词：指表示具体事物名称的词，包括人体、物品、兵器、音乐、建筑物、农作物、疾病、地理、自然物、职官、动物等。例如：顶、首、囟、肘、颈、趾、簋、鼎、盂、匜、盘、席、兵、枪、戟、宫、商、角、徵、羽、室、家、庙、堂、稷、禾、黍、稻、麦、耒、犁、疾、病、州、国、家、郡、天、地、日、月、水、火、土、山、川、风、云、雷、电、泽、宿、将、丞、侯、伯、人、牛、羊、马等。

2. 专有名词：指表示某事物独有名称的词，包括人名、国名、姓（氏）名、封号、地名、山水名、星宿名、朝代名、年号、书名等，属于实词。例如：盘庚、祭仲、商鞅、周、齐、秦、楚、蔡、吴、姬、姜、申、熊、郑丘、屈、季、孟尝君、长安君、召陵、羑里、梁、华不注、岳、衡、巫、汉、淮、泗、夏水、参宿、心宿、房宿、汉、唐、宋、顺治、康熙等。

3. 抽象名词：指表示抽象概念名称的词。例如：仁、义、礼、智、信、勇、忠、德、灾、祸、福等。

4. 时间名词：指表示时间名称的词。例如：日、月、晦、朔、春、秋、岁、辛丑、庚寅、甲午、旦、朝、午、晨、夕、暮、昏、日中、隅中、昃、人定、昧旦、孟陬、上元、花朝、中元、除夕等。

5. 方位名词：指表示方位名称的词。例如：内、外、上、下、左、右、东、西、南、北、西南、东北等。

(1) 夏，楚子使屈完如师。师退，次于召陵。(《左传·僖公四年》)

(2) 草木之无声，风挠之鸣；水之无声，风荡之鸣。（韩愈《送孟东野序》）

(3) 君若以德绥诸侯，谁敢不服？(《左传·僖公四年》)

(4) 既而大叔命西鄙北鄙贰于己。(《左传·隐公元年》)

在这几个例句中，例（1）中的“夏”是时间名词，“楚”是国名，“子”是爵位名，“屈”是氏名，“完”是人名，“师”是军队，“召陵”是地名，都属于表事物的名词。例（2）中“草木”“风”“水”都是表事物的名词。例（3）中“君”和“诸侯”是表称谓的名词，“德”是抽象名词。例（4）中“西”“北”是方位名词。

二、名词的语法特点

从词与词结合能力的角度来分析，名词有如下语法特点。

1. 一般名词可以由部分代词来限定。例如：

(1) 从此道至吾军，不过二十里耳。(《史记·项羽本纪》)

(2) 上帝临女，无贰尔心！(《诗经·大雅·大明》)

(3) 帝曰："汝后稷，播时百谷。"(《尚书·虞书·舜典》)

(4) 姜氏何厌之有？(《左传·隐公元年》)

上述例句中，指示代词“此”限定了名词“道”，“时”限定了名词“百谷”；人称代词“吾”限定了名词“军”，“尔”限定了名词“心”；疑问代词“何”修饰了抽象名词“厌”。

2. 名词前可由形容词、其他名词来修饰限定，构成名词性短语，该名词做名词性短语的中心语。例如：

(1) 旷日粮竭，而弱燕不服，齐必距境以自强也。（《史记·淮阴侯列传》）

(2) 而或长烟一空，皓月千里。(范仲淹《岳阳楼记》)

（3）然得贤士与共国，以雪先王之耻，孤之愿也。（《战国策·燕策一》）

（4）是周无天子之德，而文、武无与成其王也。（《战国策·秦策三》）

上例中，形容词“旷”“弱”“长”“皓”，修饰了名词“日”“燕”“烟”“月”；名词“先王”“天子”，修饰了名词“耻”“德”。

3.“有”“阿”可以做名词的词头。例如：

（1）构木为巢以避群害，而民悦之，使王天下，号曰有巢氏。（《韩非子·五蠹》）

（2）施于有政。（《论语·为政》）

（3）东家有贤女，自名秦罗敷。可怜体无比，阿母为汝求。（《玉台新咏·孔雀东南飞》）

4. 名词前后均可由数词或数量词组修饰。例如：

（1）于是为长安君约车百乘，质于齐，齐兵乃出。（《战国策·赵策四》）

（2）且一人之身而百工之所为备，如必自为而后用之。（《孟子·滕文公上》）

5. 方位名词可与普通名词结合使用，构成表处所的名词性短语。例如：

（1）君处北海，寡人处南海，唯是风马牛不相及也。（《左传·僖公四年》）

（2）射其右，毙于车中。（《左传·成公二年》）

6. 名词可与介词搭配使用，构成介宾短语。例如：

（1）赐我先君履：东至于海，西至于河，南至于穆陵，北至于无棣。（《左传·僖公四年》）

（2）若之何其以病败君之大事也？（《左传·成公二年》）

7. 有些专有名词和方位名词可以当作一般名词来使用。例如：

（1）家家自以为稷契，人人自以为皋陶。（扬雄《解嘲》）

（2）是仆终已不得舒愤懑以晓左右。（司马迁《报任安书》）

例（1）中的“稷”“契”“皋陶”都是古代的人名，在这里不是真的说“稷”“契”“皋陶”这些人如何，而是指具有了这些人所具有的贤能品质的一类人。例（2）中的“左右”不是指左、右这两个方向，而是指对方左右的人，借此表示对对方的敬意。这样的专有名词、方位名词就应当作一般名词来看待。

须注意的是，一般情况下名词不受副词、助动词和介宾短语修饰。

三、名词的语法功能

从词的语法功能的角度来分析，古代汉语名词是组成句子的重要词类之一。一般名词常用作句子的主语、宾语，还可以做定语、状语、补语等。

1. 名词做句子的主语。例如：

（1）虢，虞之表也。（《左传·僖公五年》）

（2）孟尝君客我。（《战国策·齐策四》）

上例中的名词“虢”“孟尝君”做句子的主语。

2. 名词做句子的宾语。例如：

（1）以此攻城，何城不克！（《左传·僖公四年》）

（2）从台上弹人，而观其辟丸也。（《左传·宣公二年》）

（3）楚国方城以为城，汉水以为池。（《左传·僖公四年》）

（4）郤克伤于矢。（《左传·成公二年》）

例（1）（2）中的名词“城”“人”“丸”，分别做动词“攻”“弹”“辟”的宾语；例（3）（4）中的名词“方城”“汉水”“矢”分别做介词“以”“于”的宾语。

3. 名词做中心语的定语。例如：

（1）师之耳目，在吾旗鼓，进退从之。（《左传·成公二年》）

（2）孟尝君为相数十年，无纤介之祸者，冯谖之计也。（《战国策·齐策四》）

例句中的“师”“冯谖”，分别做“耳目”“计”的定语。

古代汉语名词用作句子的主语、宾语、定语，同现代汉语的用法一致，但古代汉语名词用作状语同现代汉语相比差别较大。

4. 名词做中心语的状语。例如：

（1）射之，豕人立而啼。（《左传·庄公八年》）

(2) 夫山居而谷汲者，膢腊而相遗以水。(《韩非子·五蠹》)

(3) (韩厥) 故中御而从齐侯。(《左传·成公二年》)

(4) 明日，子路行以告。(《论语·微子》)

例 (1) 中，“人”指“像人一样地站立”，在句中做谓语“立而啼”的状语，表示主语具有某种行为方式。例 (2) 中，“山居”指“在山上居住”，“谷汲”指在山谷中打水；名词“山”“谷”表示动作、行为的具体地点，做“居”“汲”的状语。在现代汉语中，这样的普通名词是不可以直接用作状语的，普通名词必须与介词构成介宾短语后方可做状语。例 (3) 中，方位名词“中”直接用作状语，修饰、限定谓语动词“御”。方位名词在现代汉语中也不可以单独做状语，至少应构成方位短语才可以做状语。(以上用法将在后文中详细分述。) 例 (4) 中的时间名词“明日”做状语。在现代汉语中，时间名词仍常用作句子的状语。

5. 名词做中心语的补语。例如：

(1) 见灵辄饿，问其病。曰：“不食三日矣。”(《左传·宣公二年》)

(2) 筑室于场，独居三年。(《孟子·滕文公上》)

例 (1) 中，名词“三日”做谓语“食”的补语；例 (2) 中，“三年”做谓语动词“居”的补语，表示动作、行为延续的时间长短。时间名词的这类用法往往是表示一定的时间范围。

6. 名词做句子的谓语。名词还可以用作句子的谓语，构成名词谓语句或动词谓语句。名词谓语句是指以名词或名词短语做谓语的句子。例如：

(1) 臣之所好者，道也。(《庄子·养生主》)

(2) 南冥者，天池也。(《庄子·逍遥游》)

例 (1) (2) 中的名词“道”与“天池”直接做谓语，这类句子属于判断句。在现代汉语中，除了表示天气、日期的句子还保留此种用法外，其他判断句中要有判断动词。

名词构成的动词谓语句，是指名词活用为动词后做句子的谓语。例如：

(3) 今京不度，非制也。(《左传·隐公元年》)

此例中的“度”受副词“不”的限制，而名词是不受副词修饰的，因此，“度”在这句话中就临时具有了动词的语法特点。在古代汉语中，常把类似这样的名词看作活用为动词，做句子的谓语。

四、名词活用为动词的条件

名词依据一定的语法条件活用为动词，则这些语法条件在一定程度上也就成为判定名词是否活用的依据。词与词的组合，可以反映词在语法上的结合关系。如副词“相”“不”等可以修饰动词，一般情况下不能修饰名词，但它们所修饰的词如果是名词，那么这个名词就要被看作活用为动词。这就确定了名词在句子或短语中的实际语法作用，也使名词本身的意义发生了变化。

1. 副词修饰名词，该名词活用作动词。例如：

（1）泽不陂，川不梁。（《国语·周语中》）

（2）婉贞独戚然曰：“小敌去，大敌来矣。设以炮至，吾村不齑粉乎?”（《清稗类钞·冯婉贞》）

（3）投之一骨，轻起相牙者，何则?（《战国策·秦策三》）

例（1）中，“陂”“梁”活用为动词，指“筑堤坝”“建桥梁”；例（2）中，“齑粉”是指“成为齑粉”；例（3）中，“牙”是指“用牙咬”。

2. 名词用在助动词“可”“欲”“能”等之后，该名词活用作动词。例如：

（1）寡人欲相甘茂，可乎?（《史记·樗里子甘茂列传》）

（2）夫物不产于秦，可宝者多。（李斯《谏逐客书》）

（3）假舟楫者，非能水也，而绝江河。（《荀子·劝学》）

助动词一般只修饰动词，而例句中的“相”“宝”“水”均是名词，受助动词的修饰后，活用为动词。

3. 两个名词连用，而这两个名词之间又非偏正、同位或并列关系，则必有一个名词活用作动词，构成动宾关系或主谓关系。例如：

（1）面山而居。（《列子·汤问》）

（2）范增数目项王。（《史记·项羽本纪》）

（3）以古非今者族。（《史记·秦始皇本纪》）

（4）子房前。（《史记·留侯世家》）

例（1）中，“面山”指“面对山”，名词“面”活用作动词“面对”。例（2）中，“目项王”的意思是“用眼睛看项王”，“目”活用为动词，意思是“用眼睛看”。例（3）中，“以古非今者”是名词性结构；“族”活用为动词，意思是“灭族”。例（4）中，“前”是方位名词，活用作动词“上前”。例（1）、例（2）是动宾结构，例（3）、例（4）是主谓结构。

4. 名词前后均没有紧接的动词，而其又用于介词结构充当的补语之前，则该名词一般活用为动词。例如：

（1）卫侯救宋，师于襄牛。（《左传·襄公十年》）

（2）请勾践女女于王。（《国语·越语上》）

例（1）中，“师”是“驻扎军队”的意思；例（2）中，第二个“女”活用作动词，“女于王”的意思是“给王当婢妾”。“于襄牛”“于王”均是介词结构做补语。

5. 名词用于辅助性代词“所”之后，则该名词活用作动词，同时又和“所”一起构成名词性结构。例如：

（1）食吾之所耕，而衣吾之所蚕。（苏洵《易论》）

（2）乃丹书帛曰“陈胜王”，置人所罾鱼腹中。（《史记·陈涉世家》）

（3）是以令吏人完客所馆。（《左传·襄公三十一年》）

例（1）中，“蚕”活用为动词，指“养蚕织衣”，加上“所”字后，又构成名词性短语。例（2）中，“罾”本指一种渔网，活用为动词的意思是“捕捉”，与“所”又构成名词性短语“所捕捉的”。例（3）中，“馆”指馆舍，此处活用作动词“住馆舍”；加上“所”字后，意思为“所住馆舍”，又变成名词性结构。

6. 名词通过连词“而”与动词（或动词性短语）连接，共同做句子的谓语时，则该名词活用作动词。例如：

（1）汉败楚，楚以故不能过荥阳而西。（《史记·项羽本纪》）

（2）居楚而楚，居越而越，居夏而夏。（《荀子·儒效》）

例（1）中，“西”是方位名词活用作动词，指“西进”；例（2）中，“楚”“越”“夏”属专有名词活用作动词，意思是“成为楚国人”“成为越国人”“成为夏人”。

7. 方位名词也可活用作一般动词，表示向某个方向行动。例如：

(1) 项王乃复引兵而东，至东城，乃有二十八骑。(《史记·项羽本纪》)

(2) 寡人将立管仲为仲父。善者入门而左，不善者入门而右。(《韩非子·外储说左下》)

例 (1) 中，“引兵而东”的“东”活用作动词，指“往东走”；例 (2) 中，“左”“右”活用为动词，指“站在左边”“站在右边”。

五、名词活用为动词后的语法意义

(一) 名词活用为一般动词

古代汉语中表示某事物的名词，在一定语法条件下可以直接用作表示那一事物的动作变化，这样其就具备了动词所具备的语法功能；若其充当谓语动词做句子或短语的谓语，则往往还能与其他句子成分一起产生出新的联想意义。

1. 名词活用作动词后，表示“用这个活用作动词的名词去对所带宾语做什么”。例如：

(1) 左右欲刃相如。(《史记·廉颇蔺相如列传》)

(2) 从左右，皆肘之，使立于后。(《左传·成公二年》)

例 (1) 中，“刃相如”指“用刀杀相如”；例 (2) 中，“肘之”指“用胳膊肘碰他”。

2. 名词活用作动词后，表示“做宾语的什么”。例如：

(1) 天帝使我长百兽。(《战国策·楚策一》)

(2) 君人者，隆礼尊贤而王。(《荀子·大略》)

例 (1) 中，“长百兽”的意思是“做百兽长”；例 (2) 中，“君人”指“做百姓的国君”，“君”也可直译为“统治”。

3. 名词活用作动词后，表示“做什么在某地”，而“某地”一般是这个活用作动词的名词所带的补语。例如：

(1) 师还，馆于虞，遂袭虞，灭之，执虞公。(《左传·僖公五年》)

(2) 周阳由者，其父赵兼以淮南王舅父侯周阳，故因姓周阳氏。(《史记·酷吏列传》)

例(1)中，"馆于虞"指"住在虞的客馆"；例(2)中，"侯周阳"是"侯于周阳"的省略，意思是"封侯在周阳"。

4. 有的名词活用作动词后不带宾语，其意义较容易理解，只是名词意义的动词化。例如：

(1) 有楚大夫于此，欲其子之齐语也。(《孟子·滕文公下》)

(2) 若阙地及泉，隧而相见，其谁曰不然？(《左传·隐公元年》)

例(1)中，"齐语"本指"齐国话"，在这里活用作动词表示"学说齐国话"；例(2)中，"隧"本指"地道"，活用为动词后表示"挖地道"。

一般情况下，句子的结构为"主语+谓语+宾语"，谓语动词是表示主语的动作行为，而宾语是表示动作行为的对象，动词和所带宾语之间是支配关系。在古代汉语中，有的句子从形式上看，动词与所带宾语之间虽然仍是"谓语+宾语"的关系，但谓语表示的却是主语使宾语发出动作、行为或主观上认为宾语具有某种性质特征。这种宾语实际是施事宾语，这种谓语动词的用法被称作使动用法或意动用法。

(二) 名词活用为动词的使动用法

1. 名词的使动用法指名词活用作动词后，用于宾语前，使宾语所代表的人或事物成为这个名词所代表的人或事物（或具有某种行为特征）。例如：

(1) 故扁鹊不能肉白骨，微、箕不能存亡国也。(《盐铁论·非鞅》)

(2) 齐威王欲将孙膑。(《史记·孙子吴起列传》)

(3) 桓公解管仲之束缚而相之。(《韩非子·难一》)

(4) 齐桓公合诸侯而国异姓。(《史记·晋世家》)

例(1)中，"肉白骨"指"使白骨生肉"；例(2)中，"将孙膑"的意思是"使孙膑成为将"；例(3)中，"相之"是"使他成为相"；例(4)中，"国异姓"的意思是"使异姓立国"。

2. 方位名词也有使动用法，表示主语使宾语所代表的人或事物向某一方向运动。例如：

（1）必以萧同叔子为质，而使齐之封内尽东其亩。（《左传·成公二年》）

（2）故王不如东苏子，秦必疑齐而不信苏子矣。（《史记·苏秦列传》）

（3）于是东诸侯之师次于鄫，以待晋师。（《左传·襄公元年》）

例（1）中，“东其亩”是指“使齐国的田垄东西走向”；例（2）中，“东苏子”是指“使苏代到东方去”；例（3）中，“东诸侯之师”是指“使诸侯之师东进”。

3. 名词活用为动词的使动用法多数带宾语，较容易判断。须注意的是，做使动用的名词有时省略了宾语，在理解和语译的时候，一般应把省略的宾语补充上来。例如：

天子不得而臣也，诸侯不得而友也。（《新序·节士》）

例句中，“臣”“友”后省略了“之”，意思是“使之为臣”“使之为友”。

（三）名词活用为动词的意动用法

名词的意动用法指名词活用作动词后，可以认为宾语所代表的人或事物具有这个名词所表示的人或事物所具有的性质特征。既可以认为所带宾语就是这个活用作动词的名词，用以表达主语的主观看法；还可以把宾语当作这个活用作动词的名词，用以表达主语主观上对宾语的处置，并带来某种结果。例如：

（1）夫人之，我可以不夫人之乎？（《谷梁传·僖公八年》）

（2）公子乃自骄而功之，窃为公子不取也。（《史记·魏公子列传》）

（3）大决所犯，伤人必多，吾不克救也。不如小决使道，不如吾闻而药之也。（《左传·襄公三十一年》）

（4）完母死，庄公令夫人齐女子之。（《史记·卫康叔世家》）

例（1）中，“夫人之”可看作“以之为夫人”，意思是“把她当作夫人”；例（2）中，“功之”是指“认为自己有功”；例（3）中，“药之”是指“把它当药”；例（4）中，“子之”的意思是“把他当作自己的儿子”。

六、名词用作状语

名词用作状语，指名词直接用于谓语动词前，对谓语动词起修饰、限制作用。在现代汉语中，时间名词一般可直接用作谓语动词的状语，普通名词做状语的非常少见。但在古代汉语中，时间名词、普通名词、方位名词均可直接修饰或限制谓语动词而做状语，并且较常见。须注意的是，有的语法书把这种情况看作名词活用作副词。

（一）普通名词用作状语

普通名词用作状语，指普通名词直接修饰或限制谓语动词，充当谓语动词的状语。按其所表示的作用和意义，大致可分为五种类型。

1. 表示行为动作所用的工具

名词所指称的事物正是谓语动词所使用的工具，含有“用什么”的意思。例如：

（1）十九人相与目笑之而未废也。（《史记·平原君虞卿列传》）

（2）叩石垦壤，箕畚运于渤海之尾。（《列子·汤问》）

例（1）中，“目”指“用眼睛”；例（2）中，“箕畚”指“用箕畚”。

2. 表示行为动作的依据

名词所指称的事物正是谓语动词所依凭的，含有“按什么”或“根据什么”的意思。例如：

（1）失期，法皆斩。（《史记·陈涉世家》）

（2）夫差对曰：“寡人礼先一饭矣。”（《国语·越语上》）

（3）公输盘曰：“吾义固不杀人。”（《墨子·公输》）

例（1）中，“法”指“按照秦国法律”；例（2）的“礼”指“按礼仪”；例（3）的“义”指“根据义”。

3. 表示行为、动作的状态

谓语动词行为、动作的特点、状态正像修饰、限制它的名词所指称的事物所具有的，则用作状语的名词含有“像什么一样”的意思。例如：

（1）夜篝火，狐鸣呼曰：“大楚兴，陈胜王。”（《史记·陈涉世家》）

（2）射之，豕人立而啼。（《左传·庄公八年》）

例（1）中，“狐”指“像狐狸一样”；例（2）中，“人”的意思是“像人一样”。

4. 表示动作、行为发生的地点

用作状语的名词正是动作、行为发生的地点、处所，含有“在什么地方”的意思。例如：

（1）未至，道渴而死。（《山海经·海外北经》）

（2）夫山居而谷汲者，膢腊而相遗以水。（《韩非子 ·五蠹》）

例（1）中，“道”用作“渴”的状语，指“在路上”；例（2）中，“山”“谷”做“居”“汲”的状语，意思是“在山上”“在山谷中”。

5. 表示主语的态度

主语把宾语所指称的人或事物当成用作状语的名词所指称的事物，意思是“把宾语当成什么”。例如：

（1）至于智伯，国士遇我，我故国士报之。（《史记·刺客列传》）

（2）齐将田忌善而客待之。（《史记·孙子吴起列传》）

例（1）中，第一个“国士”是“把我当作国士”；第二个“国士”则属于普通名词用作状语的第3种用法，“像国士一样”。例（2）中，“客”指“把孙膑当作宾客”。

（二）时间名词用作状语

在现代汉语和古代汉语中时间名词都可直接用于动词前做状语，表示动作、行为发生的时间。例如：

（1）长驱到齐，晨而求见。（《战国策·齐策四》）

（2）卒皆夜惊恐。（《史记·陈涉世家》）

上例中的“晨”“夜”在句子中直接修饰谓语动词做状语，指“在早晨”“在夜里”。

须注意的是，“日”“月”“岁”等时间名词用作状语时，除与其他时间名词用法相同外，有时其意义会发生一定的变化。例如：

1. “日”“岁”“月”用于动词前，表示该动作、行为经常发生，含有“每日”“每年”“每月”的意思。例如：

（1）君子博学而日参省乎己，则知明而行无过矣。（《荀子·劝学》）

（2）良庖岁更刀，割也；族庖月更刀，折也。（《庄子·养生主》）

2. “日”用于形容词或含有性质变化意义的动词前时，表示事物逐渐发展、变化，含有“一天天地”或“一天比一天地”的意思。例如：

（1）贱妾守空房，相见长日稀。（《玉台新咏·孔雀东南飞》）

（2）及法慢，妄予，而国日削矣。（《韩非子·饰邪》）

例（1）中，“稀”是形容词，“日稀”指“一天天地稀少”；例（2）中，动词“削”指“削弱”，“日削”指“一天比一天地削弱”。

3. “日”字用于整个句子前修饰、限定整个句子时，表示对过往的追溯，含有“往日”“以前”等意思。例如：

（1）日吾固告君曰得众，众不利，焉能胜狄？（《国语·晋语二》）

（2）日起请夫环，执政弗义，弗敢复也。（《左传·昭公十六年》）

（三）方位名词用作状语

在古代汉语中，方位名词也可以直接修饰或限制谓语动词做状语，表示动作、行为发生的处所或方向。例如：

（1）外之又不能备行伍，攻城野战，有斩将搴旗之功。（司马迁《报任安书》）

（2）故中御而从齐侯。（《左传·成公二年》）

（3）骊山北构而西折，直走咸阳。（杜牧《阿房宫赋》）

（4）蚓无爪牙之力，筋骨之强，上食埃土，下饮黄泉，用心一也。（《荀子·劝学》）

例（1）中的“外”相当于“在外”，例（2）的“中”相当于“在车当中”，“外”“中”是表处所；例（3）中的“北”“西”相当于“向北”“向西”，例（4）中的“上”“下”相当于“向上”“向下”，“北”“西”“上”“下”是表方向。

七、古今汉语名词的异同

（一）古今汉语名词相同点

1. 从词与词结合能力的角度来分析，古今汉语名词有两个相同点：一是都可由指示代词限定，二是前面都可由形容词、名词做定语。例如：

（1）是炎帝之少女，名曰女娃。（《山海经·北山经》）

（2）从此道至吾军，不过二十里耳。（《史记·项羽本纪》）

（3）期待相关部门就此事回应公众。

（4）旷日粮竭，而弱燕不服，齐必距境以自强也。（《史记·淮阴侯列传》）

（5）而或长烟一空，皓月千里。（范仲淹《岳阳楼记》）

（6）建设美丽乡村。

（7）然得贤士与共国，以雪先王之耻，孤之愿也。（《战国策·燕策一》）

（8）是周无天子之德，而文、武无与成其王也。（《战国策·秦策三》）

（9）现在中国的老百姓真幸福。

例（1）中指示代词“是”限定了名词性短语“炎帝之少女”。例（2）中指示代词“此”限定了名词“道”。例（3）中指示代词“此”限定了名词“事”。例（4）中形容词“旷”“弱”分别做名词“日”“燕”的定语。例（5）中形容词“长”“皓”分别修饰了名词“烟”“月”。例（6）中形容词“美丽”做名词“乡村”的定语。例（7）（8）中名词“先王”“天子”分别修饰了抽象名词“耻”“德”。例（9）中名词“中国”做名词“老百姓”的定语。

2. 从句法功能上看，古今汉语名词有三个相同点：一是都可做句子的主语、宾语、定语；二是表示时间、天气的名词可以做谓语；三是除时间名词可以做状语外，表示方式的名词和表示比况的名词也可修饰动词。

用表示方式的名词修饰动词古今均较为常见。例如：

（1）乃效女儿呫嗫耳语。（《史记·魏其武安侯列传》）

（2）万石君必朝服见之。（《史记·万石张叔列传》）

（3）箕畚运于渤海之尾。（《列子·汤问》）

（4）臣请剑斩之。（《汉书·霍光金日磾传》）

（5）本报全文发表这篇重要社论。

（6）十四年来，他为群众义务治病六万次。

（7）请立即电话报告，不要延误。

（8）他们虽然远隔重洋，但经常书信联系，互通音讯。

例（1）至例（4）中的名词“耳”“朝服”“箕畚”“剑”分别修饰限定了动词“语”“见”“运”“斩”，做状语，表示方式。例（5）至例（8）中的名词“全文”“义务”“电话”“书信”分别修饰限定了动词“发表”“治病”“报告”“联系”，做状语，同样表示方式。

用表示比况的名词修饰动词古今都多见，不过在现代汉语中通常还要用上“似的”“一般”“一样”“般”“样”之类的字眼。例如：

（9）庶民子来。（《诗经·大雅·灵台》）

（10）射之，豕人立而啼。（《左传·庄公八年》）

（11）嫂蛇行匍伏。（《战国策·秦策一》）

（12）燕犹狼顾而不能支。（《史记·苏秦列传》）

（13）话声未完，她就一阵风似的跑开了。

（14）小朵小朵的雪花柳絮般地飘扬着。

（15）眼睛有些模糊了，只觉得纸上的字迹蛇样地蠕动着。

（16）他的话钢刀般扎进我的心。

此外，古代汉语中用来表示比况的还有单音节名词修饰单音节动词的，由于长期使用而成了固定的结构，到现代汉语中便被当作复合词了，如：蚕食、龟缩、鸟瞰、鼎立、雷动、冰释、瓦解、狐疑、粉碎、鼠窜等。

（二）古今汉语名词不同点

1. 从词与词结合能力的角度来分析，古今汉语名词有两点不同：一是如前文所述，在古代汉语中“有”可做名词的词头，但现代汉语一般不用；二是古代汉语中的名词前后均可由数量短语修饰，且通常不用量词，但在现代汉语中，数量短语一般放在名词之前，且一般均有量词。例如：

(1) 于是为长安君约车百乘，质于齐，齐兵乃出。(《战国策·赵策四》)

(2) 晏子至，楚王赐晏子酒，酒酣，吏二缚一人诣王。(《晏子春秋·内篇·杂下》)

(3) 两个小伙伴的快乐童年，一起玩耍，互相陪伴，一起长大。

例 (1) 中数量短语“百乘”放在所修饰的名词“车”的后面。例 (2) 比较典型，其中数词“二”放在了名词“吏”的后面，而“一”则放在了名词“人”的前面。例 (3) 中数量词“两个”修饰了限定名词短语“小伙伴”，且位于名词性短语前。

2. 从句法功能角度看，古今汉语名词的不同点有二：一是在现代汉语中，普通名词一般不可做谓语；二是在现代汉语中，普通名词做状语的情况远少于古代汉语。

在古代汉语中，名词修饰动词可用于表示依据或原因，但现代汉语不这么用了。例如：

(1) 失期，法皆斩。(《史记·陈涉世家》)

(2) 乃病免家居。(《史记·郦生陆贾列传》)

在古代汉语中，施事名词和受事名词均不直接修饰动词。在现代汉语中，施事名词也不直接修饰动词，但是受事名词直接修饰动词的现象却日渐增多，这也许是受到了日语的影响。日语中宾语是置于动词前面的，但汉语中受事名词置于动词前面时则是做动词的修饰语，而不是宾语。因此，可以说后者受到了前者的影响，但不能理解为后者是前者的翻版。

例如：技术改造、心理咨询、民意测验、汽车修理、食品储藏、废品回收、电影摄制、工作安排、会场布置等。仔细观察可以发现，这种用法在语音节律上有一个特点，即双音节名词修饰双音节动词。

第二章　动词

动词是表示人或事物的动作、行为、变化、存在及心理活动的词。例如：

（1）师进，次于陉。（《左传·僖公四年》）

（2）夫州吁弑其君，而虐用其民。（《左传·隐公四年》）

（3）其长子生，则解而食之。（《墨子·节葬下》）

（4）有弗学，学之弗能。（《礼记·中庸》）

（5）赵盾、士季见其手，问其故而患之。（《左传·宣公二年》）

例（1）中，“进”“次”表示事物的动作；例（2）中，“弑”表示人的行为；例（3）的“生”表示一种变化；例（4）的“有”表示存在；例（5）中，“患”表示一种心理活动。

一、动词的种类

（一）动词按照其所表示的意义可以分为六类

1. 行为、动作动词

表示人或事物的具体动作、行为。例如：视、见、闻、坐、立、行、伐、击、袭、问、曰、阅、取、舍等。

2. 心理活动动词

表示人的心理活动。例如：爱、恨、忍、畏、惧、悔、思、怨、恶等。

3. 存在、消亡动词

表示人或事物的存在或消亡。例如：有、无、出、在、亡、死、丧、崩、薨、卒等。

4. 判断、联系动词

表示主语和宾语之间的联系或主语对宾语的一种判断。例如：犹、若、惟、为、是等。

5. 助动词

表示人或事物的主观意愿、客观可能。例如：可、欲、愿、能、足、须等。

6. 趋向动词

表示动作、行为的趋向。例如：来、去、往等。

（二）按动词能否带宾语可以将动词分为两类

1. 外动词

外动词又叫及物动词、他动词，是能带受事宾语的动词。例如：问、取、言、语、治、看、喝、吃、遗、归等。

2. 内动词

内动词又叫不及物动词、自动词，是不能带受事宾语的动词。例如：出、活、亡、走、坐、来、宿、死、立、行、趋等。

（三）按动核结构中动词所联系的动元（强制性语义成分）的数量，可以把动词分为三类

1. 一价动词

相当于不及物动词，即不带宾语的动词。例如：亡、走、坐、来、宿、行等。

2. 二价动词

指能带一个宾语的动词。例如：取、伐、击、袭、打、待、遇、攻、治、诛、杀等。

3. 三价动词

指能带双宾语的动词。例如：为、语、告、赐、遗、馈、受、资、致、作等。在现代汉语里，三价动词仅限于表示“给予”“告示”意义的动词，一般动词（不表示“给予”“告示”意义的动词）则不能带双宾语。在古代汉语里，除了表示“给予”“告示”意义的动词可以带双宾语外，一般动词也可带双宾语，从而成为三价动词。例如：

（1）欲见贤人而不以其道，犹欲其入而闭之门也。（《孟子·万章下》）

（2）赤也为之小，孰能为之大？（《论语·先进》）

一般动词“为”在古代汉语中经常带双宾语。双宾语这种语言现象在古代汉语中相对现代汉语而言，较为常见。古代汉语的双宾语在组合的形式上与现代汉语的双宾语也有区别。现代汉语中的双宾语往往是指人的宾语置于动词后，指物的宾语置于指人的宾语之后，其形式为“动词+间接宾语+直接宾语”。而古代汉语里的双宾语结构形式有两种：

一是“动词+间接宾语+直接宾语”。这种形式分为两小类：一类的间接宾语属于受事宾语，如例（1）（2）中“之”均是间接宾语，是受动词“闭”“为”支配的；“门”“小”“大”是直接宾语。（这与现代汉语的双宾语结构相同。）另一类的间接宾语属于施事宾语，是动作行为的发出者。例如：

（3）晋侯饮赵盾酒，伏甲，将攻之。（《左传·宣公二年》）

例（3）中，“之”指代赵盾，晋侯让赵盾饮酒，“赵盾”是“饮”这个行为的发出者。

二是“动词+直接宾语+间接宾语”（这与现代汉语的双宾语结构不同），即指物的宾语置于动词之后，而指人的宾语置于指物的宾语之后。例如：

（4）毛遂奉铜盘而跪进之楚王。（《史记·平原君虞卿列传》）

（5）今王之地方五千里，带甲百万，而专属之昭奚恤。（《战国策·楚策一》）

例（4）（5）中，“之”指代物是直接宾语，放在动词“进”“属”后，而“楚王”“昭奚恤”作为指人的间接宾语却放在直接宾语后。

二、动词的语法特点

从词与词结合能力的角度分析，古代汉语动词主要有以下语法特点：

1. 动词可以由副词修饰、限定。例如：

（1）孙膑尝与庞涓俱学兵法。（《史记·孙子吴起列传》）

（2）为君计，莫若遣君子孙昆弟能胜兵者悉诣军所，上必益信君。（《史记·萧相国世家》）

（3）郑既知亡矣。（《左传·僖公三十年》）

（4）老妇不闻也。（《战国策·赵策四》）

以上例句中，有范围副词“俱”“悉”，还有程度副词“益”，以及时间副词“既”与否定副词“不”，它们分别修饰、限定了动词“学” “诣”“信”“知”“闻”。

2. 普通名词和方位名词可直接修饰、限定动词，做句子的状语。例如：

（1）经始勿亟，庶民子来。（《诗经·大雅·灵台》）

（2）吴王出劳军，即使人𫓧杀吴王，盛其头，驰传以闻。（《史记·吴王濞列传》）

（3）昭王南征而不复。（《左传·僖公四年》）

（4）今又内围邯郸而不能去。（《战国策·赵策三》）

例（1）（2）中，名词“子” “𫓧”直接用作状语，修饰、限定动词“来”“杀”；例（3）（4）中，方位名词“南”“内”直接用作状语，修饰、限定动词“征”“围”。

在现代汉语中，普通名词、方位名词都不可直接做谓语动词的状语；而在古今汉语中，时间名词均可直接修饰、限定谓语动词，充当句子的状语。例如：

（5）吾日三省吾身：为人谋而不忠乎？与朋友交而不信乎？传不习乎？（《论语·学而》）

（6）夫二人者，鲁国社稷之臣也。若朝亡之，鲁必夕亡。（《左传·成公十六年》）

3. 形容词可修饰限定动词，做句子的状语。例如：

（1）毛羽未成，不可以高飞。（《史记·苏秦列传》）

（2）因厚赂单于，答其善意。（《汉书·李广苏建传》）

上例中，形容词“高”“厚”修饰动词“飞”“赂”。

4. 介宾短语可修饰或补充说明动作、行为，做句子的状语或补语。例如：

（1）四年，春，齐侯以诸侯之师侵蔡。（《左传·僖公四年》）

（2）丑父寝于轏中，蛇出于其下，以肱击之。（《左传·成公二年》）

例（1）（2）中，“以诸侯之师”“以肱”修饰动词“侵”“击”，做句子的状语；例（2）中，“于轏中”“于其下”补充说明动词“寝”“出”，做句子的补语。

5. 有些助动词可以单独做谓语，甚至可以直接带宾语，这与现代汉语中助动词的用法有差异。例如：

（1）朝闻道，夕死可矣。（《论语·里仁》）

（2）非曰能之，愿学焉。（《论语·先进》）

（3）冉有曰：“夫子欲之，吾二臣者皆不欲也。”（《论语·季氏》）

上例中的“可”“能”“欲”在句子中均单独做谓语，“能”“欲”还直接带着代词宾语“之”。

三、动词的语法功能

1. 古代汉语动词在句子中占有很重要的地位，是句子表义的重点。动词最主要的语法功能是做句子的谓语。在古代汉语中，当动词做句子的谓语时，及物动词可以带宾语或不带宾语；不及物动词往往不带宾语，当其带宾语时，通常将其看作已经转化为及物动词了。但是，转化为及物动词的不及物动词所带的宾语，与及物动词所带的宾语是不同的。例如：

（1）寡人闻之，彗星出，其所向之国君当之。（《晏子春秋·外篇第七》）

（2）问其名居，（灵辄）不告而退。（《左传·宣公二年》）

(3) 焉用亡郑以陪邻？(《左传·僖公三十年》)

上例中，及物动词“闻”“当”“问”“告”和不及物动词“出”“亡”，均做句子的谓语；及物动词“闻”“当”“问”带宾语，而及物动词“告”没有带宾语。及物动词能带宾语而不带，往往是由于在具体的语言环境下，上下文中的宾语可以省略。本句就是如此，宾语“名居”承前而省略。现代汉语中不及物动词是不能带宾语的，古代汉语中大多数不及物动词也是这样，如例（1）中的不及物动词“出”。例（3）中的不及物动词“亡”虽带上宾语“郑”，但宾语“郑”是“亡”这个动作的实际发出者。这和例句中及物动词“闻”“当”“问”所带的受事宾语是不同的。

2. 一些动词在名物化后可以做句子的主语、宾语或主语的中心语、宾语的中心语。例如：

(1) 生害事，死伤名。(《韩非子·八经》)

(2) 男女同姓，其生不蕃。(《左传·僖公二十三年》)

(3) 赵氏求救于齐。(《战国策·赵策四》)

(4) 陈相见许行而大悦，尽弃其学而学焉。(《孟子·滕文公上》)

例（1）中，动词“生”“死”直接做句子的主语，但其语义已发生变化，指的不是生、死这样的动作、行为，而是类似于生、死这样的事情；例（2）中，动词“生”由代词“其”所限定做主语的中心语，表示“同姓结婚的人所生的后代”，指的是“人”；例（3）中，动词“救”直接做句子的宾语，表示“救兵”，指的也是名物；例（4）中，动词“学”（前一个）由代词“其”所限定做宾语的中心语，表示“所学的知识”。以上这些动词在具体的语言环境中就具有了名词的特征，也有人认为这是动词转化为名词。

3. 动词可以做定语。在现代汉语中，动词做定语时一般要在用作定语的动词后加上结构助词“的”，不加结构助词“的”的情况很少见。在古代汉语中，动词做定语时一般不使用虚词；动词可直接与中心语结合，修饰中心语。例如：

(1) 冥冥而行者，见寝石以为伏虎也。(《荀子·解蔽》)

(2) 迁客骚人，多会于此。(范仲淹《岳阳楼记》)

(3) 蔓草犹不可除，况君之宠弟乎？(《左传·隐公元年》)

上例中，动词“寝”“伏”“迁”“蔓”直接修饰、限定名词中心语

"石""虎""客""草"。

4．动词可以做谓语动词的状语。在古代汉语里，动词做状语可以直接和谓语动词结合。例如：

（1）吾世荷国恩，不能坐看成败。（杨衒之《洛阳伽蓝记》）

（2）韩厥俯定其右。（《左传·成公二年》）

例（1）中，动词"坐"修饰、限定谓语动词"看"，表示看的方式是"坐着"；例（2）中，动词"俯"修饰、限定谓语动词"定"，表示如何"定（放稳当）"。

5．一些动词可以直接做谓语动词的补语，补充说明谓语动词的结果。例如：

（1）齐侯伐卫，战，败卫师。（《左传·庄公二十八年》）

（2）（燕昭王）谓郭隗曰："齐因孤之国乱而袭破燕……"（《史记·燕召公世家》）

四、动词的用法

（一）动词的使动用法

动词的使动用法，指动词与所带宾语之间从形式上看仍是动宾关系，但谓语动词不对宾语起支配作用，其动作、行为是主语主观上使宾语发出的，宾语是动作、行为实际的施事者。

1．在古代汉语中，不及物动词的使动用法较常见。不及物动词通常不能带宾语，但用于使动时，则可带宾语。其后的宾语成为动作、行为的实际发出者，即施事宾语，表示"使宾语怎么样"。例如：

（1）（姜氏）爱共叔段，欲立之。（《左传·隐公元年》）

（2）郑放游楚于吴，将行子南。（《左传·昭公元年》）

例（1）中，发出动作"立"的是"之"（指代共叔段）；例（2）中，动作"行"的发出者是"子南"。以上动词一般情况下不能带宾语，是一价动词。在这里，是主语主观上想使其后的宾语发出这样的行为，宾语便不受该动词的支配。这又和一般二价动词后的宾语不同，一般二价动词后的宾语都是受动核支配的。

2. 有时不及物动词用于使动时，其后的宾语可以省略。例如：

远人不服，而不能来也。（《论语·季氏》）

此例中，“来”后省略了“之”，意思是“使之来”，“之”指代“远人”。

3. 在古代汉语里，有某些及物动词带上了宾语，但彼此间却没有支配和被支配的照应，反而使宾语具有了谓语动词所表示的动作、行为，即表示“使宾语怎么样”。例如：

（1）欲辟土地，朝秦楚。（《孟子·梁惠王上》）

（2）晋侯饮赵盾酒。（《左传·宣公二年》）

（3）沛公旦日从百余骑来见项王。（《史记·项羽本纪》）

（二）动词的其他用法

不及物动词后的宾语还可以表示主语发出这个动作、行为的原因、目的及与事。这种动宾结构只是体现出动宾的语法形式，而没有支配与被支配的照应关系，所表示的意义则灵活多样，概括起来有如下几种：

1. 表示“为宾语怎么样”。例如：

（1）提弥明死之。（《左传·宣公二年》）

（2）今亡亦死，举大计亦死，等死，死国可乎？（《史记·陈涉世家》）

上例中的宾语“之”“国”，恰恰是发出动作、行为的原因。

2. 表示“对（向）宾语怎么样”。例如：

（1）君三泣臣矣，敢问谁之罪也？（《左传·襄公二十二年》）

（2）遂置姜氏于城颍，而誓之曰……（《左传·隐公元年》）

上例中的宾语“臣”“之”，是发出动作、行为的目的。

3. 表示“与（跟、同）宾语怎么样”。例如：

（1）叔孙豹会晋士匄于柯。（《谷梁传·襄公十九年》）

（2）重耳闻之，乃谋赵衰等。（《史记·晋世家》）

上例中的动作、行为实际上是由主语和宾语共同发出的，宾语表示与事。

五、古今汉语动词的异同

古今汉语动词的概念内涵是相同的，但由于语言的发展变化，古今汉语动词在实际运用中也存在一些同中有异之处。

（一）古今汉语动词的相同点

1. 从词与词组合的能力看，古今汉语动词的相同点主要有两个：一是通常都能与副词组合；二是一般都能带宾语，组成动宾结构。例如：

（1）家庭作业已经做完了。

（2）郑既知亡矣。（《左传·僖公三十年》）

（3）校园里，人都走光了。

（4）群贤毕至，少长咸集。此地有崇山峻岭，茂林修竹。（王羲之《兰亭集序》）

（5）他不听老师的劝告。

（6）老妇不闻也。（《战国策·赵策四》）

（7）满天的乌云突然消失了。

（8）妇人暂而免诸国。（《左传·僖公三十三年》）

（9）建设家园，需要我们共同努力。

（10）同行十二年，不知木兰是女郎。（《乐府诗集·木兰诗》）

（11）我曾经在乡下做过代课教师。

（12）予尝求古仁人之心，或异二者之为，何哉？（范仲淹《岳阳楼记》）

（13）同学们正在集体讨论这个问题。

（14）此时鲁仲连适游赵。（《战国策·赵策三》）

（15）纪先生向来擅长书法。

（16）楚左尹项伯者……素善留侯张良。（《史记·项羽本纪》）

上例中两句一组，每组的加点词都是词义及用法相同或相近的副词，用于修饰后面的谓语动词。

再如：

(17) 他看书，我写字。

(18) 晋侯、秦伯围郑。(《左传·僖公三十年》)

(19) 不打人，不骂人。

(20) 厩焚。子退朝，曰："伤人乎?"不问马。(《论语·乡党》)

上例中的加点词都带宾语，组成了动宾结构。

2. 从句法功能上看，古今汉语动词最为显著的相同点是都在句中主要充当谓语。例如：

(1) 教室的桌子上有一本书。

(2) 南方有鸟焉。(《荀子·劝学》)

(3) 他在图书馆里看书。

(4) 十年春，齐师伐我。公将战。(《左传·庄公十年》)

(5) 远在他乡，很想念妈妈。

(6) 子不我思，岂无他人。(《诗经·郑风·褰裳》)

(7) 教育实习结束了。

(8) 宫之奇以其族行。(《左传·僖公五年》)

(9) 他从乡下进城看电影。

(10) 邻人京城氏之孀妻有遗男，始龀，跳往助之。(《列子·汤问》)

(11) 满天黑云顿时消失了。

(12) 陈相见许行而大悦。(《孟子·滕文公上》)

(二) 古今汉语动词同中有异的表现

1. 动词组合能力同中有异的表现。从词与词组合的能力看，古今汉语动词的不同点主要体现在三个方面。

第一，重叠时同中有异。古今汉语动词都有一些重叠的形式，如：

(1) 这本书让我看看，行吗?

(2) 采采芣苢，薄言采之。(《诗经·周南·芣苢》)

(3) 无论做什么事，都要讲讲经济效益。

（4）招招舟子，人涉卬否。（《诗经·邶风·匏有苦叶》）

（5）这个问题可以讨论讨论。

（6）于时言言，于时语语。（《诗经·大雅·公刘》）

现代汉语中的动词重叠是一种构词方式，即由两个动词重叠构成一个新的动词。与单音节动词相比，动词重叠带有强调某种时态的作用。但在古代汉语中，动词重叠有两种情况：一是由两个动词重叠构成一个形容词，表示某种状貌，如《诗经·小雅·蓼莪》："南山烈烈，飘风发发。"高亨注云："发发，疾风声。"二是表面上看两个动词重叠了，但实际上只是两个动词的连用，并非构成了一个新的动词。例如，关于"于时言言，于时语语"，郑玄注云："言其所当言，语其所当语。"朱熹注云："于是言其所言，于是语其所语。"可见，"言言""语语"中的前一个"言""语"均是动词，而后一个"言""语"则带有名词的性质，即"所言""所语"。

第二，带双宾语时同中有异。在古今汉语中，表示"给予""告示"意义的动词都可以带双宾语，如：

（1）送了她一条项链。

（2）公赐之食。（《左传·隐公元年》）

（3）给他一本书。

（4）秦昭王闻之，使人遗赵王书。（《史记·廉颇蔺相如列传》）

（5）告诉他情况。

（6）今媪尊长安君之位，而封之以膏腴之地，多予之重器。（《战国策·赵策四》）

（7）问你一个问题。

（8）公语之故，且告之悔。（《左传·隐公元年》）

在现代汉语中，能带双宾语的动词仅限于表示"给予""告示"意义的动词，一般动词不能带双宾语，但在古代汉语里，不仅表示"给予""告示"意义的动词可带双宾语，一般动词也可带双宾语。例如：

（9）欲见贤人而不以其道，犹欲其入而闭之门也。（《孟子·万章下》）

（10）紾兄之臂而夺之食，则得食；不紾，则不得食。则将紾之乎？（《孟子·告子下》）

（11）天生民而立之君。（《左传·襄公十四年》）

在古代汉语中，最常见的能带双宾语的动词是“为”。例如：

(12) 姜氏何厌之有？不如早为之所，无使滋蔓，蔓难图也。(《左传·隐公元年》)

(13) 且君尝为晋君赐矣。(《左传·僖公三十年》)

(14) 使尽之，而为之箪食与肉，置诸橐以与之。(《左传·宣公二年》)

(15) 赤也为之小，孰能为之大？(《论语·先进》)

此外，古今汉语动词带双宾语的差异之处还表现在组合的形式上。在现代汉语中，双宾语的结构形式通常为指人的宾语置于动词之后，指物的宾语置于指人的宾语之后。但在古代汉语中，双宾语的结构形式有的与现代汉语相同，有的则不同，即指物的宾语置于动词之后，而指人的宾语置于指物的宾语之后。例如：

(16) 今王之地方五千里，带甲百万，而专属之昭奚恤。(《战国策·楚策一》)

(17) 颍阴侯言之上。(《史记·魏其武安侯列传》)

(18) 毛遂奉铜盘而跪进之楚王。(《史记·平原君虞卿列传》)

例(16)中“之”指代“带甲百万”(意思是军队)，并直接置于动词“属”之后，而指人宾语“昭奚恤”则放在了指物宾语“之”的后面。例(17)中的“上”即皇上，是指人宾语，放在了指物宾语“之”的后面。例(18)中“楚王”是指人宾语，也放在了指物宾语“之”的后面。

第三，不及物动词同中有异。在古今汉语中，不及物动词一般都不带宾语。例如：

(1) 我明天要走了。

(2) “……或百步而后止，或五十步而后止。以五十步笑百步，则何如？”(梁惠王)曰：“不可，直不百步耳，是亦走也。”(《孟子·梁惠王上》)

(3) 瞬间，一颗流星从夜空中消失了。

(4) 然郑亡，子亦有不利焉。(《左传·僖公三十年》)

(5) 火车在飞跑。

(6) 媪之送燕后也，持其踵为之泣，念悲其远也。(《战国策·赵策四》)

(7) 这棵树死了。

(8) 冬，晋文公卒。(《左传·僖公三十二年》)

不及物动词不带宾语，这是古今汉语共同的语法特点，例（1）至例（8）中的不及物动词“走”“消失”“亡”“跑”“泣”“死”“卒”即都不带宾语。

但在古代汉语中，有些不及物动词既可带宾语，也可不带宾语。例如：

(9) 君三泣臣矣，敢问谁之罪也？(《左传·襄公二十二年》)

(10) 今亡亦死，举大计亦死，等死，死国可乎？(《史记·陈涉世家》)

同样是不及物动词“泣”，在例（6）中没有带宾语，但在例（9）中却带了宾语“臣”。例（10）中有两个不及物动词“死”，前一个不带宾语，后一个则带了宾语“国”。

2. 动词句法功能同中有异的表现。从句法功能上考察，古今汉语动词的同中有异主要体现在三个方面。

第一，带宾语时同中有异。及物动词带宾语，这是古今汉语共同的语法特点。及物动词带宾语时，动词与宾语之间一般具有支配和被支配的照应关系。但在古代汉语中，有些及物动词尽管带了宾语，却没有这种照应关系，而只是使宾语具有谓语动词所表示的动作行为，即表示“使宾语怎么样”的意义。例如：

(1) 欲辟土地，朝秦楚。(《孟子·梁惠王上》)

(2) 止子路宿，杀鸡为黍而食之，见其二子焉。(《论语·微子》)

(3) 晋侯饮赵盾酒。(《左传·宣公二年》)

(4) 会论虞常，欲因此时降武。(《汉书·苏武传》)

(5) 沛公旦日从百余骑来见项王。(《史记·项羽本纪》)

例（1）中的“朝秦楚”指“秦楚”发出动作“朝”，即“秦楚”是动作“朝”的发出者，这里所要表达的意思是“使秦楚两国来朝见”。例（2）中的“见其二子”就是“让他的两个儿子拜见子路”。例（3）中的“饮赵盾酒”就是“让赵盾喝酒”。例（4）中的“降武”就是“使苏武投降”。例（5）中的“从百余骑”就是“让一百多骑兵跟随”。

第二，充当定语时同中有异。古今汉语动词中都有一些可充当句子的定语，但定语和中心语的结合形式古今存在着细微的差别。在现代汉语中，动词用作定语时一般要在后面加上结构助词“的”。例如：

（1）明天要做的事很多。

（2）反映的问题要真实、可靠。

（3）来的客人都是企业界的知名人士。

（4）向领导汇报调查的情况。

（5）加强校园的精神文明建设是这次会议讨论的议题。

在现代汉语中，动词用作定语而不必加“的”情况很少见，如“参考消息”“学习材料”“领导干部”“编辑人员”“活鱼”“死鸡”之类。也就是说，只有在不至于被误认为是动宾关系的情况下才可以不加“的”。但在古代汉语中，动词用作定语时一般不使用虚词，可直接与中心语结合，即动词直接修饰中心语。例如：

（6）不狩不猎，胡瞻尔庭有县鹑兮。（《诗经·魏风·伐檀》）

（7）冥冥而行者，见寝石以为伏虎也。（《荀子·解蔽》）

（8）蔓草犹不可除，况君之宠弟乎？（《左传·隐公元年》）

（9）迁客骚人，多会于此。（范仲淹《岳阳楼记》）

（10）浮光跃金，静影沉璧。（范仲淹《岳阳楼记》）

例（6）至例（10）中用作定语的动词与被修饰、限定的中心语之间均没有助词。例（6）中“县”（通“悬”）的意思是“悬挂”，直接用作“鹑”的定语。例（7）中“寝石”“伏虎”的意思是“躺着的石头”“趴着的老虎”。例（8）中的“蔓草”即“蔓延的野草”。例（9）中“迁客”的意思是“被降职到外地的官员”。例（10）中的“浮光”是指“浮动在水面上的月光”。

第三，充当状语时同中有异。动词有时也可用作状语，这是古今汉语共同的语法特点，但在状语和中心语的结合形式上，古今存在细微的差别。在现代汉语中，动词用作状语时一般要在后面加上结构助词“地”。例如：

（1）老板含笑地说：“哪天有空，一定陪你老哥喝茶。”

（2）他生气地说：“我不跟你说了。”

在古代汉语中，动词用作状语时可以直接和谓语动词相结合。例如：

（3）匈奴兵多，破败广军，生得广。（《史记·李将军列传》）

（4）豪富皆争匿财。（《汉书·食货志》）

（5）操军吏士皆出营立观。（《资治通鉴·汉纪》）

例（3）至例（5）中的动词“生”“争”“立”直接做动词“得”“匿”“观”的状语，中间没有结构助词。

在古代汉语中，动词做状语时如果要使用虚词，一般是在该动词与谓语动词之间使用连词“而”或“以”。例如：

（6）子路拱而立。（《论语·微子》）

（7）……咏而归。（《论语·先进》）

（8）孟尝君笑而受之。（《战国策·齐策四》）

（9）幸而得之，坐以待旦。（《孟子·离娄下》）

例（6）（7）（8）中的动词“拱”“咏”“笑”做动词“立”“归”“受”的状语，且通过连词“而”连接。例（9）中的动词“坐”做动词“待”的状语，且通过连词“以”连接。

第三章　形容词

形容词是表示人或事物的形状、性质，或其动作、行为的发展、变化的状态的词。例如：

（1）得善人而赏之，得暴人而罚之也。（《墨子·尚同下》）

（2）狡兔有三窟，仅得免其死耳。（《战国策·齐策四》）

（3）孟尝君为相数十年，无纤介之祸者，冯谖之计也。（《战国策·齐策四》）

（4）巨屦小屦同贾，人岂为之哉？（《孟子·滕文公上》）

上例中加点的词都是形容词。“善”指“好”，“暴”指“残暴”，“狡”指“狡猾”，这三个词表明了人或事物的属性；“纤介”指“细小的”，“巨”指“大”，“纤介”“巨”“小”表明了事物的形态。

一、形容词的类别

（一）按古代汉语形容词的外在结构特点划分

1. 单音节形容词。例如：红、白、大、小、众、寡、长、短、污、洁、曲、直、高、矮、强、弱等。

2. 双音节形容词。包括：

双音节单纯形容词，也就是“联绵词”。例如：倜傥、窈窕、从容、慷慨、仓促、参差、辗转、匍匐等。

双音节叠音形容词。其既可以描摹声音，如关关、交交、将将、嘤嘤、萧萧等，还可以描绘状物，如区区、翘翘、赳赳等。

双音节合成形容词。这一类形容词在古代汉语中数量较少，如固陋、轻佻、膏腴、尊贵等。

带形容词词尾的双音节形容词。例如：喟然、怃然、沃若、愀然、铿尔等。

3. 三音节形容词。例如：欣欣然、恂恂如等。

（二）按古代汉语形容词的语法功能上的特点划分

1. 状态形容词：表示人或事物的形态、数量等特征。这类形容词的数量较多，如厚、敝、远、陋、小、深、远、博、大、长、广、巨、重、正、直、新、旧、安、静、严、少、丰等。

2. 性质形容词：表示人或事物的品德、性质等特征。如智、愚、廉、善、恶、强、弱、贤、良、美、丑、清、浊等。

二、形容词的语法特点

从词与词结合能力的角度分析，古代汉语形容词的语法特点大致如下：

1. 在古代汉语中，程度副词和否定副词“不”也可修饰、限定形容词。例如：

（1）良曰：“甚急。”（《史记·项羽本纪》）

（2）主上愈卑，私门益尊。（《韩非子·孤愤》）

（3）水之积也不厚，则其负大舟也无力。（《庄子·逍遥游》）

（4）心不怡之长久兮，忧与愁其相接。（《九章·哀郢》）

上例中，程度副词“甚”“愈”“益”限定形容词“急”“卑”“尊”；否定副词“不”限定形容词“厚”“怡”。

2. 在古代汉语中，形容词一般都能修饰、限定名词，并与名词构成偏正短语。例如：

（1）大都不过三国之一。（《左传·隐公元年》）

（2）次及于事，而帅偏师以修封疆。（《左传·成公三年》）

此外，古代汉语的形容词还可以通过虚词与名词组合而构成偏正短语。例如：

（3）小大之狱，虽不能察，必以情。（《左传·庄公十年》）

（4）孟尝君为相数十年，无纤介之祸者，冯谖之计也。（《战国策·齐策四》）

应注意的是，虚词“之”没有附着性，其后边必须有名词中心语，否则结构残缺，表义不全。

3. 在古代汉语中，形容词也可以重叠使用来表示人或事物的形态。例如：

（1）葛之覃兮，施于中谷，维叶萋萋。（《诗经·周南·葛覃》）

（2）两鬓苍苍十指黑。（白居易《卖炭翁》）

须注意的是，形容词的重叠使用与前文提到的叠音词是不同的：前者是单个形容词重叠使用，后者的单个字不是形容词。例（1）中的“萋”本身是形容词，形容草木繁茂。如班固《汉书·班婕妤传》：“中庭萋兮绿草生”。例（2）中的“苍”本身是形容词，表示暗绿、深蓝或灰白、苍白。如杜甫《九成宫》：“苍山入百里，崖断如杵臼”，此处“苍山”指暗绿的山色；另如杜甫《赠卫八处士》：“少壮能几时，鬓发各已苍”，是指鬓角的头发已经灰白。

但古今汉语形容词的重叠使用，在表义方面存在着不同：在现代汉语中，单音节形容词的重叠构成复音形容词，用来修饰代词或名词，往往表示程度的加重或减轻，含有“很”或“极”的意思；而古代汉语中单音节形容词的重叠使用，只是描写或烘托事物的态貌，如例（1）中的“萋萋”表示草木茂盛的样子，例（2）中的“苍苍”表示两鬓的头发灰白的样子。

4. 在古代汉语中，“然”“尔”“如”“若”等可做形容词的后缀，表示某种状态。例如：

（1）悠然而虚者与神谋，渊然而静者与心谋。（柳宗元《钴鉧潭西小丘记》）

（2）大河之始决于瓠子也，涓涓尔。（《盐铁论·申韩》）

（3）孔子三月无君，则皇皇如也。（《孟子·滕文公下》）

（4）桑之未落，其叶沃若。（《诗经·卫风·氓》）

上例中，“悠然”的意思是“很远的样子”，“渊然”的意思是“深沉的样子”；“涓涓尔”指“水缓缓流动的样子”；“皇皇如”的意思是“惶恐不安”；“沃若”指树叶“丰润、柔嫩的样子”。

5. 在古代汉语中，“有”“其”等可做形容词的前缀，表示某种形态。例如：

（1）桃之夭夭，有蕡其实。（《诗经·周南·桃夭》）

（2）北风其喈，雨雪其霏。（《诗经·邶风·北风》）

例（1）中的“有蕡”相当于“蕡蕡”，指桃子“肥大的样子”；例（2）中的“其喈”“其霏”相当于“喈喈”“霏霏”，“其喈”是形容北风刮得“快而有声的样子”，“其霏”即“纷纷的样子”。

6. 在古代汉语中，部分形容词能与助动词组合使用。例如：

（1）厌其源，开其渎，江河可竭。（《荀子·修身》）

（2）富贵不能淫，贫贱不能移，威武不能屈，此之谓大丈夫。（《孟子·滕文公下》）

（3）自上观之，至于子胥、比干，皆不足贵也。（《庄子·盗跖》）

7. 在古代汉语里，有些形容词能同“所”字组合成名词性“所字短语”。例如：

（1）吏之所卑，法之所尊也。（晁错《论贵粟疏》）

（2）衣食所安，弗敢专也，必以分人。（《左传·庄公十年》）

三、形容词的语法功能

1. 从词的语法功能来看，形容词在句子中的主要语法作用是做定语。在古代汉语中，无论是状态形容词还是性质形容词，都可以做定语，用以修饰、限定名词中心语。单音节形容词做定语时，定语和名词中心语之间多不用虚词“之”；双音节形容词做定语时，定语和名词中心语之间往往用虚词

“之”，但有时也可不用。例如：

（1）寡人生于深宫之中。（《荀子·哀公》）

（2）师劳力竭，远主备之，无乃不可乎？（《左传·僖公三十二年》）

（3）士志于道，而耻恶衣恶食者，未足与议也。（《论语·里仁》）

（4）狡兔有三窟，仅得免其死耳。（《战国策·齐策四》）

（5）诚欲效其款款之愚。（司马迁《报任安书》）

（6）今媪尊长安君之位，而封之以膏腴之地。（《战国策·赵策四》）

（7）关关雎鸠，在河之洲。（《诗经·周南·关雎》）

（8）振振君子，归哉归哉！（《诗经·召南·殷其雷》）

例（1）（2）中，状态形容词“深”“远”做定语，修饰中心语“宫”“主”；例（3）（4）中，性质形容词“恶”“狡”做定语，修饰中心语“衣”“食”“兔”；例（5）（6）中，双音节形容词“款款”“膏腴”做定语，修饰中心语“愚”“地”，且定语和中心语之间有虚词“之”；例（7）（8）中，双音节形容词“关关”“振振”做定语，修饰中心语“雎鸠”“君子”，但定语和中心语之间没有虚词“之”。

2. 古代汉语形容词还可以做谓语，较为习见，但一般不能带宾语。例如：

（1）国之诸市，屦贱踊贵。（《左传·昭公三年》）

（2）国危矣。（《左传·僖公三十年》）

（3）文倦于事，愦于忧，而性懦愚。（《战国策·齐策四》）

（4）车辚辚，马萧萧。（杜甫《兵车行》）

上例中，做谓语的形容词既有单音节形容词“贱”“贵”“危”，也有双音节形容词“懦愚”“辚辚”“萧萧”。当形容词做谓语且其后带宾语时，往往表示这个宾语具有了该形容词的性质状态，这属于形容词的活用，后文将着重介绍。

当形容词做句子的谓语时，通常句子的主语是名词性的。例如：

（5）岁寒，然后知松柏之后凋也。（《论语·子罕》）

（6）父义，母慈。（《左传·文公十八年》）

例（5）（6）中的主语“岁”“父”“母”与例（1）（2）（3）（4）中的主语，都是名词。

但有些状态形容词做谓语时，还可以由偏正短语、主谓短语、动宾短语做主语。例如：

(7) 忧心悄悄，愠于群小。(《诗经·邶风·柏舟》)

(8) 余折以御，左轮朱殷。(《左传·成公二年》)

(9) 夫声乐之入人也深，其化人也速。(《荀子·乐论》)

(10) 布帛长短同，则贾相若。(《孟子·滕文公上》)

3. 形容词还可以做主语或宾语。当形容词做主语时，谓语往往对其表示一种判断；当形容词做宾语时，其往往具有名词的性质。例如：

(1) 俭，德之共也；侈，恶之大也。(《左传·庄公二十四年》)

(2) 礼之用，和为贵。(《论语·学而》)

(3) 安定国家，必大焉先。(《左传·襄公三十年》)

(4) 去故乡而就远兮，遵江夏以流亡。(《九章·哀郢》)

例 (1)(2) 中的形容词均做主语，谓语对其进行某种判定；例 (3) 中的“大焉先”即“先大”，“大”做“先”的宾语，因强调而前置，表示“重大的事情”，具有名词的性质；例 (4) 中的“远”是形容词，在这里做动词“就”的宾语，指“远的地方”。

4. 形容词还可以做状语，修饰、限定谓语中心语。例如：

(1) 使君盛怒，以暴露于敝邑之野。(《国语·鲁语上》)

(2) 坎坎伐檀兮，置之河之干兮。(《诗经·魏风·伐檀》)

5. 形容词还可以做补语，补充说明谓语动词的结果。例如：

(1) 国削弱至于亡。(《史记·魏世家》)

(2) 项王遂烧夷齐城郭。(《史记·田儋列传》)

例 (1) 中，形容词“弱”补充说明了谓语动词“削”的结果；例 (2) 中，形容词“夷”补充说明了谓语动词“烧”的结果。

四、形容词活用为动词的条件

形容词同名词一样，在一定的语法条件下可活用作动词，主要体现在以下五个方面：

1. 形容词用于名词或名词性词语、短语前，且与名词或名词性词语、短语不构成修饰性的偏正关系，而对所带名词或名词性词语、短语起支配作用，则该形容词活用为动词。例如：

（1）吊死问疾，养孤长幼在其中。（晁错《论贵粟疏》）

（2）使上官大夫短屈原于顷襄王。（《史记·屈原贾生列传》）

例（1）中，形容词“幼”具有名词性质，指“幼儿”；形容词“长”活用为动词，意思是“养大”。例（2）中，形容词“短”带有宾语“屈原”，且对其没有修饰、限定作用；“短”活用作动词，指“诽谤”。

2. 形容词用于能愿动词“能”“可”“足”等后面，活用作动词。例如：

（1）王者不却众庶，故能明其德。（李斯《谏逐客书》）

（2）厌其源，开其渎，江河可竭。（《荀子·修身》）

（3）所谓强颜耳，曷足贵乎？（司马迁《报任安书》）

例（1）中，“能明其德”的意思是“能使他的恩德昭明”；例（2）中，“可竭”指“可以枯竭”；例（3）中，“足贵”指“值得尊贵”。

3. 形容词用于代词前，但又不具备修饰、限定作用，则该形容词一般活用作动词。例如：

（1）夫以人言善我，必以人言罪我。（《韩非子·说林上》）

（2）颜子不改其乐，孔子贤之。（《孟子·离娄下》）

上例中，形容词“善”“贤”后有代词“我”“之”，但不能限定、修饰代词，则形容词“善”“贤”活用为动词。

4. 形容词用于“所”字之后，并与“所”字构成名词性结构，则该形容词活用为动词。例如：

（1）世之所高，莫若黄帝。（《庄子·盗跖》）

（2）倡优畜之，流俗之所轻也。（司马迁《报任安书》）

上例中，形容词“高”“轻”用于“所”字之后，相当于动词“推崇”“轻视”；“所高”指“所推崇的”，“所轻”指“所轻视的”。

5. 当形容词前有时间副词修饰、限定时，则该形容词活用为动词。例如：

（1）国家方危，诸侯方贰，将以袭敌，不亦难乎！（《左传·定公

四年》）

（2）九族既睦，平章百姓。（《尚书·虞书·尧典》）

形容词做谓语一般只是对主语进行描写，但当其前面加时间副词时，其对主语重在叙述，这时该形容词可看作活用为动词。

五、形容词活用为动词后的语法意义

（一）形容词活用为一般动词

形容词在一定的语法条件下可活用为一般动词，即在其原有意义的基础上又赋予其动化意义，来表示特定的行为变化，反映出动词所具有的语法特点，从而增加了词语的表现力。

1. 形容词活用为一般动词后，有的带宾语并对宾语起一定的支配作用。例如：

（1）子等在世涂间，功名必胜我。（《三国志·魏书·荀彧荀攸贾诩传》）

（2）近贤而远不肖。（《韩非子·外储说右上》）

例（1）中，“胜我”的意思是“胜过我”；例（2）中，“近贤”指“接近贤臣”，“远不肖”指“远离小人”。

2. 有的形容词用作动词后不带宾语，其意义只是原有意义的动化。例如：

（1）桓公立，乃老。（《左传·隐公三年》）

（2）及楚王之未入也，三晋相亲相坚。（《战国策·赵策一》）

例（1）中，“老”的意思是“（石碏）告老引退”；例（2）中，“亲”的意思是“亲近”，“坚”的意思是“坚守”。

（二）形容词的使动用法

1. 形容词的使动用法指形容词活用为动词后，表示使宾语具有活用为动词的形容词的性质或状态。例如：

(1) 而全躯保妻子之臣，随而媒孽其短。(司马迁《报任安书》)

(2) 对曰："君实深之，可若何？"(《左传·僖公十五年》)

(3) 招贤进能，显岩穴之士。(司马迁《报任安书》)

(4) 寂寥无人，凄神寒骨，悄怆幽邃。(柳宗元《小石潭记》)

例 (1) 中，"全躯" 是 "使躯全"；例 (2) 中，"深之" 指 "使秦军深入"；例 (3) 中，"显岩穴之士" 是 "使岩穴之士显名"；例 (4) 中，"凄神" 是 "使神凄"，"寒骨" 指 "使骨寒"。

2. 形容词活用作表示使动的动词后，有时不带宾语。这种情况虽不多见，但较复杂，翻译时一般需要补充上宾语。例如：

强本而节用，则天不能贫。(《荀子·天论》)

此例中的 "贫" 是 "使之贫"，意思是 "使百姓贫困"。

(三) 形容词的意动用法

形容词的意动用法指形容词活用作动词后，主语主观上认为宾语具有活用为动词的形容词的性质或状态。例如：

(1) 不事王侯，高尚其事。(《周易·爻辞》)

(2) 是故明君贵五谷而贱金玉。(晁错《论贵粟疏》)

(3) 吾妻之美我者，私我也；妾之美我者，畏我也；客之美我者，欲有求于我也。(《战国策·齐策一》)

(4) 轻辞古之天子，难去今之县令者，薄厚之实异也。(《韩非子·五蠹》)

例 (1) (2) 中，主语主观上认为宾语具有活用为动词的形容词的性质："高尚其事" 是 "认为其事高尚"，"贵五谷" "贱金玉" 是 "以五谷为贵" "以金玉为贱"。例 (3) (4) 中，主语主观上认为宾语具有活用为动词的形容词的状态：例 (3) 中的三个 "美我" 是不同的主语 "认为我美"；例 (4) 中，"轻辞古之天子" 是指 "(人们) 以辞去天子之位为轻"，"难去今之县令" 是说 "(人们) 以离开现今的县令之位为难"。

六、古今汉语形容词的异同

古今汉语形容词的概念内涵是相同的，但由于语言的发展变化，古今汉语形容词在语法使用上既有共同的特点，也存在细微的差异。

（一）古今汉语形容词的相同点

1. 从词与词的组合能力上考察，古今汉语形容词有两个相同点。

一是通常都能与程度副词和否定副词“不”结合。例如：

（1）这里的情况他最清楚。

（2）老臣贱息舒祺最少。（《战国策·赵策四》）

（3）室外很冷。

（4）水至清则无鱼。（《大戴礼记·子张问入官》）

（5）房间里的摆设非常整齐。

（6）生之者甚少而靡之者甚多。（贾谊《论积贮疏》）

（7）这朵花特别鲜艳。

（8）秦女绝美。（《史记·伍子胥列传》）

（9）这房间太狭窄了。

（10）初极狭，才通人。（陶渊明《桃花源记》）

（11）这里的气候不冷不热。

（12）君子不重，则不威。（《论语·学而》）

（13）这鱼不新鲜。

（14）水之积也不厚，则其负大舟也无力。（《庄子·逍遥游》）

二是一般都能同名词结合，构成偏正词组。例如：

（15）美丽城市。

（16）窈窕淑女，君子好逑。（《诗经·周南·关雎》）

（17）大个子。

（18）不登高山，不知天之高也。（《荀子·劝学》）

（19）丰富经验。

（20）不临深溪，不知地之厚也。（《荀子·劝学》）

（21）坚强意志。

（22）有良田美池桑竹之属。（陶渊明《桃花源记》）

（23）先进技术。

（24）浮光跃金，静影沉璧。（范仲淹《岳阳楼记》）

2. 从句法功能看，古今汉语形容词均可用作定语和谓语。例如：

（1）温暖的太阳照着平静的湖水。

（2）小华是个聪明的孩子。

（3）这儿有密密的松树和参天的白杨，还有静静的溪流。

（4）师劳力竭，远主备之，无乃不可乎？（《左传·僖公三十二年》）

（5）无惛惛之事者，无赫赫之功。（《荀子·劝学》）

（6）不登高山，不知天之高也；不临深溪，不知地之厚也。（《荀子·劝学》）

在例（1）至例（3）中，现代汉语形容词“温暖”“平静”“聪明”“密密”“参天”“静静”分别做名词“太阳”“湖水”“孩子”“松树”“白杨”“溪流”的定语。在例（4）至例（6）中，古代汉语形容词“远”“惛惛”“赫赫”“高”“深”分别做名词“主”“事”“功”“山”“溪”的定语。再如：

（7）未庄黑夜里很寂静。

（8）他说起话来很激动。

（9）这篇文章有内容，说理透彻。

（10）国危矣。（《左传·僖公三十年》）

（11）回也不愚。（《论语·为政》）

（12）其质非不美也。（《荀子·劝学》）

在例（7）至例（9）中，现代汉语形容词“寂静”“激动”“透彻”分别做句子的谓语。在例（10）至例（12）中，古代汉语形容词“危”“愚”“美”分别做句子的谓语。

（二）古今汉语形容词同中有异的表现

1. 从词与词的组合能力上考察，古今汉语形容词的同中有异主要体现在两个方面。

一是重叠时同中有异。古今汉语中都有形容词的重叠形式，如：

（1）把孩子高高地举起来。

（2）奉璋峨峨，髦士攸宜。（《诗经·大雅·棫朴》）

（3）红红的太阳照常升起。

（4）奕奕梁山，维禹甸之。（《诗经·大雅·韩奕》）

（5）他又细细地看了一遍。

（6）明明在下，赫赫在上。（《诗经·大雅·大明》）

（7）她短短的头发上沾满了露水。

（8）苕之华，其叶青青。（《诗经·小雅·苕之华》）

古今汉语单音节形容词的重叠，形式虽同，但所表示的语法意义却有明显的差别。在现代汉语中，单音节形容词重叠构成的复音形容词，用来修饰或限定名词，往往表示程度的加重或减轻，含有“很”“极”之义，如“高高”意为“极高”“很高”，“短短”意为“极短”“很短”等。在古代汉语中，单音节形容词重叠构成的复音形容词，并不表示程度的加重或减轻，而是描写或烘托事物的态貌，前人注释这类叠音词时一般训为“……貌”，相当于现代汉语中的“……的样子”，如“奉璋峨峨”，《毛传》注曰：“峨峨，盛壮貌。”

需要注意的是，古今汉语形容词的重叠在形式上有同也有异。古代汉语形容词的重叠只有一种形式，即单音节形容词重叠，而在现代汉语中，不仅单音节形容词可以重叠，复音形容词也可重叠。其重叠形式为 AABB，如：“干净——干干净净”“仔细——仔仔细细”“整齐——整整齐齐”“老实——老老实实”“清楚——清清楚楚”“明白——明明白白”等。

二是与名词组成偏正词组时同中有异。在组合形式上，古今汉语形容词均可直接和名词组合，也可借助虚词和名词组合。在现代汉语中，形容词和名词之间往往要加上结构助词“的”，以使定语和中心语更加明确，如：冰冻的水、雪白的米、美丽的朝霞、虚心的人、聪明的孩子等。但在古代汉语中，形容词和名词之间有时会加上虚词“之”。对于这个虚词，有的学者认为起到了连接作用，有的学者认为起到的是介绍作用，有的学者则认为起到的是结构作用，至今尚无定论。例如：

(9) 小大之狱，虽不能察，必以情。(《左传·庄公十年》)

(10) 东割膏腴之地……(贾谊《过秦论》)

(11) 今君有区区之薛，不拊爱子其民，因而贾利之。(《战国策·齐策四》)

(12) 是故无冥冥之志者，无昭昭之明。(《荀子·劝学》)

这种形容词借助虚词组成的偏正词组，表面看起来古今没有什么差异，但实际上是有所不同的。在现代汉语中，通过在形容词与名词之间加“的”构成的偏正词组，可转换成意义基本相同的另一类词组。其转换形式有两种：第一种是由偏正词组转换成主谓词组，如“冰凉的水——水冰凉”“雪白的米——米雪白”“美丽的朝霞——朝霞美丽”“虚心的人——人虚心”“聪明的孩子——孩子聪明”等；第二种是去掉后面的名词，转换成“的”字结构，如“冰凉的水——冰凉的”“雪白的米——雪白的”“美丽的朝霞——美丽的”“虚心的人——虚心的”“聪明的孩子——聪明的”等。在古代汉语中，通过在形容词与名词之间加“之”构成的偏正词组，一般不能进行转换。因为“之”和“的”不同，“的”是结构助词，附着在词上，而“之”没有附着性。也就是说，“之”后面不能没有名词（中心语），否则就是结构残缺，如将“膏腴之地”说成“膏腴之”的话，那么整个结构的完整性就受到了破坏，语义上不通。

2. 从句法功能上看，形容词充当谓语一般都不能带宾语，这是古今汉语共同的语法特点。但在古代汉语中，有些形容词充当谓语时可以带宾语。例如：

(1) 令尹子兰闻之大怒，卒使上官大夫短屈原于顷襄王。(《史记·屈原贾生列传》)

(2) 江黄远齐而近楚。(刘向《新序·善谋》)

(3) 楚左尹项伯者，项羽季父也，素善留侯张良。(《史记·项羽本纪》)

（4）以正君臣，以笃父子，以睦兄弟，以和夫妇。（《礼记·礼运》）

（5）故明主峭其法而严其刑也。（《韩非子·五蠹》）

（6）夫差智太宰嚭而愚子胥。（《韩非子·难三》）

（7）孔子登东山而小鲁，登太山而小天下。（《孟子·尽心上》）

（8）且夫我尝闻少仲尼之闻，而轻伯夷之义者。（《庄子·秋水》）

（9）君子正其衣冠。（《论语·尧曰》）

（10）丞相岂少我哉？（《史记·李斯列传》）

例（1）中“短屈原”就是“说屈原的短处（坏话）”。例（2）中“远齐而近楚”就是“远离齐国而靠近楚国”。例（3）中“善留侯张良”就是“跟留侯张良友好”。例（4）中“正君臣”“笃父子”“睦兄弟”“和夫妇”就是“使君臣关系正常”“使父子关系笃厚”“使兄弟关系和睦”“使夫妇关系和谐”。例（5）“峭其法而严其刑”就是“使他的国家法令严峻，使他的国家刑罚严厉”。例（6）“智太宰嚭而愚子胥”就是“认为太宰嚭聪明而伍子胥愚笨”。例（7）“小鲁”“小天下”就是“觉得鲁国变小了”“觉得天下变小了”。例（8）“少仲尼之闻，而轻伯夷之义”就是“认为孔子的见闻少，而且轻视伯夷的道义”。例（9）“正其衣冠”就是“使自己的衣帽整齐端正”。例（10）“少我”就是“认为我年少”。

值得注意的是，现代汉语中有少数形容词也可做谓语并带宾语。例如：

（11）端正学习态度。

（12）健全民主法制。

（13）满足人民群众的物质需要。

（14）丰富学校的文娱生活。

（三）古今汉语形容词的不同点

古今汉语形容词的不同点有二，且主要体现在组合能力上。

1. 在现代汉语中，形容词不能同助动词组合，但在古代汉语中，有些形容词能够同助动词组合。例如：

（1）富贵不能淫，贫贱不能移，威武不能屈。（《孟子·滕文公下》）

（2）鼻大可小，小不可大。（《韩非子·说林》）

(3) 厌其源，开其渎，江河可竭。(《荀子·修身》)

(4) 自上观之，至于子胥、比干，皆不足贵也。(《庄子·盗跖》)

(5) 又安敢毒邪？(柳宗元《捕蛇者说》)

例（1）中形容词“淫”前有助动词“能”。例（2）（3）中形容词“小”“大”“竭”前有助动词“可”。例（4）中形容词“贵”前有助动词“足”。例（5）中形容词“毒”前有助动词“敢”。

不过有学者认为，形容词受助动词的限定，可看成是形容词用作动词。

2. 在现代汉语中，形容词不能同辅助性代词“所”组合，但在古代汉语中，有些形容词能够同“所”组合，构成所字短语。例如：

(1) 衣食所安，弗敢专也，必以分人。(《左传·庄公十年》)

(2) 上舍法，任民之所善，故奸多。(《商君书·弱民》)

(3) 故俗之所贵，主之所贱也；吏之所卑，法之所尊也。(晁错《论贵粟疏》)

上例中的辅助性代词“所”后面加上形容词“安”“善”“贵”“贱”“卑”“尊”，构成所字短语。其中，“所安”即“用来安身的东西”，“所善”即“喜欢做的事情”，“所贵”即“认为高贵的东西”，“所贱”即“认为低贱的东西”，“所卑”即“认为卑微的东西”，“所尊”即“需要尊重的东西”。

不过，有学者认为置于“所”后的形容词乃是活用为动词，然后才与“所”组成名词性所字短语。

第四章　数词

数词是表示数目和次序的词。例如：

（1）五亩之宅，树之以桑，五十者可以衣帛矣。（《孟子·梁惠王上》）

（2）狄有五罪，俊才虽多，何补焉？不祀，一也；嗜酒，二也；弃仲章而夺黎氏地，三也；虐我伯姬，四也；伤其君目，五也。（《左传·宣公十五年》）

例（1）中，“五”“五十”表示数目多少；例（2）中，数词“一”“二”“三”“四”“五”表示次序，相当于现代汉语中的“第一”“第二”“第三”……

一、数词的种类

古代汉语的数词从使用的角度可分为五类：基数、序数、约数、虚数、分数。古代汉语中数词的基本是基数词，序数、约数、虚数一般都以基数词为基础。

（一）基数

基数词是指表示数目多少的词，包括系数词和位数词。例如：一、二、三、四、两等，是系数词；十、百、千、万等，是位数词。

古代汉语中基数词表示数目的方法：

1. 古代汉语中表示“十”以下的数目与现代汉语一样，只用系数词来称数，但基数是“一”时，往往省略。例如：

（1）然而晋人与姜戎要之殽而击之，匹马只轮无反者。（《公羊传·僖公三十三年》）

古代战车用马拉，“匹马只轮”指一匹战马、一只车轮（这里代指一辆车子）；“匹马只轮无反者”，极言失败的惨重。

（2）无尺土之封，加子之勤。（《文选·李陵答苏武书》）

（3）殂逝之后，路有经由，不以斗酒只鸡过相沃酹，车过三步，腹痛勿怪。（曹操《祀故太尉桥玄文》）

例（1）（2）（3）中的“匹马只轮”“尺土”“斗酒只鸡”前，分别省去了数词“一”。

2. 基数词表示“十”以上的数目时，又有几种表示方法：

第一，系数与系数搭配使用时，往往表示两个系数之间是相乘关系。例如：

（1）三五月明临阙泽，百千人众看王恭。（徐夤《尚书荣拜恩命夤疾中辄课恶诗二首以申攀赞》）

（2）二八佳人细马驮，十千美酒渭城歌。（苏轼《李钤辖坐上分题戴花》）

上例中的“三五”“二八”明显指的是十五、十六。

第二，系数与位数搭配使用时有两种可能：当系数在前、位数在后时，表示相乘关系。例如：

（1）苑中騋牝三千匹，丰草青青寒不死。（杜甫《沙苑行》）

（2）吾十有五而志于学，三十而立，四十而不惑，五十而知天命，六十而耳顺，七十而从心所欲，不逾矩。（《论语·为政》）

当位数在前、系数在后时，表示相加关系，例如：

（3）十三能织素，十四学裁衣，十五弹箜篌，十六诵诗书。十七为君妇，心中常苦悲。（《玉台新咏·孔雀东南飞》）

（4）同心戴舜以为天子，以其举十六相，去四凶也。（《左传·文公十八年》）

这种表示方法一直延续至今。

第三，整数和零数之间加“又”或“有”。这种方法早在甲骨文中就比较常见，数与数只能表示相加关系。例如：

（1）三百有四十有八。（《屯南》663）

（2）人鬲自御至于庶人六百又五十又九夫。（《大盂鼎》）

（3）割地而朝者三十有六国。（《韩非子·五蠹》）

例（1）中，“三百有四十有八”就是“三百四十八”；例（2）中，“六百又五十又九”就是“六百五十九”；例（3）中，“三十有六”就是“三十六”。这种用法与现代汉语不同。

第四，古代汉语中没有表示“零”位的数。例如：

（1）今夫差衣水犀之甲者亿有三千。（《国语·越语上》）

（2）冬至后一百五日为寒食。（宗懔《荆楚岁时记》）

例（1）中，“亿”和“三千”之间应该有零数；例（2）中，“一百五日”是“一百零五日”。“冬至”“寒食”都是节气名，从冬至到寒食确实是一百零五天。

到了中古，数目缺位处开始出现用“单”及其同音词“丹”的情况。例如：

（3）展开看之，乃二百单五年事。（《三国志平话》卷上）

（4）起天下百万民夫，开一千丹八里汴河。（《大宋宣和遗事·元集》）

到了近代和现代汉语早期，开始出现“零”。例如：

（5）只活了一年零两个月。（《金瓶梅》第五十九回）

（6）虽走了一个月零两日，因日子有限，怕爷心焦，可不赶着来了。（《红楼梦》第五十三回）

第五，特殊的基数词：“两”“再”。

“两”，在先秦时期主要表示天然成双的事物。例如：

（1）髧彼两髦，实维我仪。（《诗经·鄘风·柏舟》）

（2）两涘渚崖之间，不辨牛马。（《庄子·秋水》）

须注意的是，先秦时期在单位词前只能用“两”，而“两”不能用作零数和序数。到了汉代“两”与“二”的用法虽有交错，但“两”仍不能用作零数，且“两”用在单位词前仍表基数。

“再”，在上古汉语中表示行为的次数，相当于现代汉语的“两次”。

例如：

(3) 季文子三思而后行。子闻之，曰："再，斯可矣。"（《论语·公冶长》）

(4) 既驰三辈毕，而田忌一不胜而再胜，卒得王千金。（《史记·孙子吴起列传》）

(5) 五岁再闰。（《易经·系辞上》）

(6) 一战而举鄢、郢，再战而烧夷陵，三战而辱王之先人。（《史记·平原君虞卿列传》）

这几个例子较为典型。例（3）中，"三""再"对举。例（4）中的总数是"三次"，减去"一次"，"再"当然是"二次"了。例（5）中的"闰"，指历法纪年和地球环绕太阳一周运行时间的差数，多余的叫闰，如"闰月"。此句意为五年中有两个闰年（月）。例（6）中，"再"用在"一""三"之间，又是表示行为的次数，当然是"二次"。

（二）序数

序数词是表示次序先后的数目的词。

在古代汉语中，序数词表次序的方法有以下几种：

1. 直接用基数词来表示次序。例如：

(1) 七月在野，八月在宇，九月在户，十月蟋蟀入我床下。（《诗经·豳风·七月》）

(2) 顺于民心，所补者三：一曰主用足，二曰民赋少，三曰劝农功。（晁错《论贵粟疏》）

例（1）中，"七月""九月"是第七月、第九月的意思，这种表示月份的方法，古今一致。例（2）中，第一个"三"是数词做谓语，表示有三方面；句中的"一""二"和第二个"三"，是第一、第二、第三的意思。

2. 在基数前加词头"第""初"，表示次序。例如：

(1) 闻河南守吴公，治平为天下第一。（《史记·屈原贾生列传》）

(2) 云有第三郎，窈窕世无双。（《玉台新咏·孔雀东南飞》）

(3) 可怜九月初三夜，露似真珠月似弓。（白居易《暮江吟》）

3. 用“太上”“其次”“上”“中”“下”，或用天干等表示次序。例如：

（1）太上无败，其次败而有以成。（《墨子·亲士》）

（2）太上不辱先，其次不辱身……最下腐刑，极矣。（司马迁《报任安书》）

（3）孙子见其马足不甚相远，马有上、中、下辈。（《史记·孙子吴起列传》）

（4）如淳曰：“令有先后，故有令甲、令乙、令丙。”（《汉书·宣帝纪》）

此外，还有用“伯”“仲”“叔”等表示兄弟排行或每季的月份排序，也有用“平水韵”表示书的次第等，与此类同。

（三）约数

约数又叫概数，表示不确定的数，有“大概”“约略”之意，如“二十余”“十三四”“数十百千”（几十到成百上千）等。

在古代汉语中，约数的表示法有以下几种：

1. 相接近的数字连用表示约数。例如：

（1）方六七十，如五六十，求也为之，比及三年，可使足民。（《论语·先进》）

（2）虽四五国则得利焉。（《墨子·非攻》）

上例中，“六七十”“四五”这种表示方法在现代汉语中仍然沿用。

2. 用“诸”“众”“群”“数”“庶”等词，表示多而不确指的数或是“几个”。例如：

（1）娈彼诸姬，聊与之谋。（《诗经·邶风·泉水》）

（2）安忍无亲，众叛亲离，难以济矣。（《左传·隐公四年》）

（3）群公子奔萧，公子御说奔亳。（《左传·庄公十二年》）

（4）居数月，其马将胡骏马而归，人皆贺之。（《淮南子·人间训》）

（5）经始勿亟，庶民子来。（《诗经·大雅·灵台》）

以上例子中，“诸”“众”“群”“数”“庶”等，都是表示多而不确指的数，或是“几个”的意思。

3. 基数词前由副词“且”“几”“可”“将”修饰时，表示近某数。例如：

（1）北山愚公者，年且九十，面山而居。（《列子·汤问》）

（2）汉之为汉，几四十年矣。（贾谊《论积贮疏》）

（3）自建武暨于义熙，历载将百。（《宋书·谢灵运传论》）

（4）章小女，年可十二。（《汉书·王章传》）

例（1）中，“且九十”指将近九十；例（2）中，“几四十年”指接近四十年；例（3）中，“将百”指将近一百年；例（4）中的“可”，表示一种推断，“可十二”相当于大概十二。

4. 基数词或数量短语后加“余”“有余”“许”“所”，表示约数。例如：

（1）是时，谊年二十余，最为少。（《汉书·贾谊传》）

（2）邹忌修八尺有余。（《战国策·齐策一》）

（3）松江府东去五十里许，曰乌泥泾。（陶宗仪《南村辍耕录》）

（4）父去里所，复还。（《史记·留侯世家》）

（5）其巫，老女子也，已年七十，从弟子女十人所。（褚少孙《史记·滑稽列传补》）

例（1）中，“二十余”即二十多；例（2）中，“八尺有余”即八尺多；例（3）中，“五十里许”指五十里左右；例（4）中，“里所”就是一里左右；例（5）中，“十人所”就是十多人。“余”“许”一般可以直接与基数词搭配使用，之后再接名量词；而“所”一般放在数量短语后面，直接与基数词搭配使用的较少。

（四）虚数

虚数是指不表示实在数量的数词，既可表示数量众多，也可表示数量极少，往往带有夸张的性质。

在古代汉语中，表示虚数的方法有如下几种：

1. 常用“三”“九”及其倍数“十二”“十八”“三十六”“七十二”“三百六十”等，来表示虚数。例如：

（1）逐之，三周华不注。（《左传·成公二年》）

（2）葵丘之会，桓公震而矜之，叛者九国。（《公羊传·僖公九年》）

例（1）中，“三周”指围着（华不注）追了很多圈；例（2）的“九国”，极言反叛者之多。

2. 用“十”“百”“千”“万”“亿”等，来表示数量多。例如：

（1）亲结其缡，九十其仪。（《诗经·豳风·东山》）

（2）率时农夫，播厥百谷。（《诗经·周颂·噫嘻》）

（3）白发三千丈，缘愁似个长。（李白《秋浦歌》）

（4）腾骧磊落三万匹，皆与此图筋骨同。（杜甫《韦讽录事宅观曹将军画马图》）

（5）纣有亿兆夷人，亦有离德。（《左传·昭公二十四年》引《泰誓》）

例（1）中，“九十”形容母亲对出嫁的女儿的嘱咐之多；例（2）中，“百谷”指各种各样的谷物；例（3）中，“三千”形容头发长；例（4）中，“三万”指精良的好马多；例（5）中，“亿兆”是形容商的俘虏极多。

3. 常用对比的方法形容数量少。例如：

（1）夫以一缕之任，系千钧之重，上悬无极之高，下垂不测之渊。（《汉书·枚乘传》）

（2）假令仆伏法受诛，若九牛亡一毛，与蝼蚁何以异？（司马迁《报任安书》）

例（1）中，“一缕”与“千钧”相对比，极言力量单薄、危险万分；例（2）中，“一毛”同“九牛”相对比，形容自己的卑微。

（五）分数

分数指把单位“1”平均分成若干份后，表示这样的一份或几份的数。我国古代很早就有了分数的概念。

古代分数的表示方法有如下几种：

1. 古代汉语也有与现代汉语相同的分数表示法，即“母数+分+之+子数”。例如：

(1) 若复数年，则损三分之二也，当何以图敌？（《三国志·蜀书·诸葛亮传》）

(2) 故关中之地，于天下三分之一。（《史记·货殖列传》）

2. 将计算单位名词插入分母与分子之间，即“母数+分+名词+之+子数”。例如：

(1) 冬至，日在斗二十一度四分度之一。（《汉书·律历志》）

(2) 方今大王之兵众不能十分吴楚之一。（《史记·淮南衡山列传）》

例（1）中，“二十一度四分度之一”是指二十一又四分之一度；例（2）中，“十分吴楚之一”是指吴楚的十分之一。在古代汉语中，是把作为计算单位的名词“度”“吴楚”放在了分母、分子之间，而在现代汉语中应放在分数的最后。

这种计算方法有时可以省略“分”，如《左传·隐公元年》载“先王之制，大都不过参国之一”。有时甚至作为计算单位的名词也可以省略，如《左传·文公十八年》载“今行父虽未获一吉人，去一凶矣，于舜之功，二十之一也”。“二十之一”就是二十分之一。

3. 分母与分子之间只用“分”，即“母数+分+子数”。例如：

子一分，丑三分二，寅九分八，卯二十七分十六。（《史记·律书》）

“三分二”就是三分之二，“九分八”就是九分之八，等等。其后以此类推。

4. 只说分母的位数和分子，即“母数+子数”。例如：

(1) 藉第令毋斩，而戍死者固十六七。（《史记·陈涉世家》）

(2) 什一，去关市之征，今兹未能。请轻之。（《孟子·滕文公下》）

例（1）中，“十六七”即十分之六或十分之七；例（2）中，“什一”即十分之一。须注意的是：这种表示法在古书中常常将“十”写作“什”，由于省略的词比较多，往往容易使人误会。

二、数词的语法功能

从词的语法功能角度看，在古代汉语中，数词可充当句子的主语、宾语、谓语、定语、状语。

（一）数词做主语、宾语

古代汉语的数词充当句子的主语和宾语时，具有很大的灵活性，一般不受限制。例如：

（1）嘒彼小星，三五在东。（《诗经·召南·小星》）

（2）一厝朔东，一厝雍南。（《列子·汤问》）

（3）三室如一。（《左传·襄公十九年》）

（4）贼民之主，不忠；弃君之命，不信。有一于此，不如死也。（《左传·宣公二年》）

例（1）中的“三五”做主语。“三五”虽是两个基数词相连，但不表示相乘关系，也不表示约数，而是各自表示某一事物，须依上下文语境确定其义。在这里“三”指心宿三颗星，“五”指柳宿五颗星。例（2）中，两个“一”做主语。例（3）中，“三”做主语，“一”做宾语。例（4）中，“一”做主语，指前文两种可能中的一种。

（二）数词做谓语

在古代汉语中，数词充当谓语较现代汉语中的数词做谓语自由一些。在现代汉语中，数词只有在表示年龄的句子中能做谓语；而在古代汉语中，一般的句子里，数词也可以充当谓语。例如：

（1）今窃闻大王之卒，武士二十万，苍头二十万，奋击二十万，厮徒十万。（《史记·苏秦列传》）

（2）至于孝平，凡郡国百三。（《后汉书·郡国志》）

(3) 于礼有不孝者三事，谓阿意曲从，陷亲不义，一不孝也……(《十三经注疏》)

上例中的“二十万”“十万”“百三”“三”都是谓语，表示主语的数量。

古代汉语中在特定条件下，数词做谓语可带宾语，属于活用的范畴，将在后文中详细解析。

(三) 数词做定语

在古代汉语里，数词既可单独充当定语，还可以与量词组成数量短语后做定语。前者与现代汉语中的数词的功能不同。例如：

(1) 殽有二陵焉：其南陵，夏后皋之墓也。(《左传·僖公三十二年》)

(2) 问其病，曰：“不食三日矣。”(《左传·宣公二年》)

(3) 然秦以区区之地，致万乘之势，序八州而朝同列，百有余年矣。(贾谊《过秦论》)

(4) 贤哉，回也！一箪食，一瓢饮，在陋巷。(《论语·雍也》)

(四) 数词做状语

在古代汉语中，数词可直接充当状语。例如：

(1) 病万变，药亦万变。(《吕氏春秋·察今》)

(2) 亦余心之所善兮，虽九死其犹未悔。(《楚辞·离骚》)

(3) 三进及溜，而后视之。(《左传·宣公二年》)

三、数词的活用

(一) 数词活用为动词的条件

数词在一定的语法条件下也可活用为动词，做句子的谓语。

1. 数词用于副词“不”之后，活用为动词。例如：

晋、楚伐郑，自今郑国不四五年弗得宁矣。(《左传·襄公八年》)

此例中的“四五”活用为动词，“不四五年”是“不经过四五年”的意思。

2. 数词用于助词“所”之后，活用为动词。例如：

夫天下也者，万物之所一也。(《庄子·田子方》)

此例中的“一”活用为动词，意思是“统一”。

3. 数词用于助动词后，一般活用为动词。例如：

食马者不知其能千里而食也。(韩愈《马说》)

此例中的“千里”活用为动词，意思是“行千里”。

4. 数词用于代词前，活用为动词。例如：

素丝纰之，良马四之。(《诗经·鄘风·干旄》)

此例中的“四之”，意思是“用四匹马驾车”。

5. 数词用于名词前而又不能与其构成偏正结构的，一般活用作动词。例如：

法先王，统礼义，一制度。(《荀子·儒效》)

此例中的“一制度”，意思是“统一制度”。

(二) 数词活用为动词后的语法意义

1. 数词活用为一般动词

数词活用为一般动词，指表示数目多寡的基数词或表示倍数的数词在一定语法条件下活用为动词。

表示数目多寡的基数词活用为动词后一般较简单，只是在原意义的基础上产生相应的动化意义，对所带宾语起一定的支配作用。例如：

(1) 民参其力，二入于公，而衣食其一。(《左传·昭公三年》)

(2) 今君虽杀臣之身以三之可也。(《韩非子·十过》)

例 (1) 中的“参”活用为动词，意思是“分成三份”；例 (2) 中，“三之”指“(把尸身) 剁成三段”。

表示倍数的数词或用基数词表示倍数的，活用作动词后，其意义为“几倍于宾语”。例如：

（3）故事半古之人，功必倍之。（《孟子·公孙丑上》）

（4）诎指而事之，北面而受学，则百己者至。（《战国策·燕策一》）

例（3）中，“半古之人”指“半倍于古人”，“倍之”指“一倍于古人”；例（4）中的“百己”指“百倍于己”。

2. 数词的使动用法

数词的使动用法指数词活用为动词后，主语使宾语具有了这个数词所表示的数量。例如：

（1）“孰能一之？”对曰：“不嗜杀人者能一之。”（《孟子·梁惠王上》）

（2）上帝临女，无贰尔心。（《诗经·大雅·大明》）

例（1）中的“一之”是“使之一”，意思是“使天下统一”；例（2）中的“贰尔心”是“使尔心贰”，指“使你们的心不坚定”。

四、古今汉语数词的异同

古今汉语数词的概念内涵是相同的，但随着语言的发展变化，古今汉语数词在表数方式和语法功能上既有相同之处，也存在着细微的差别。

（一）古今汉语数词的相同点

从词与词的组合能力上看，古今汉语数词的相同点主要体现在三个方面。

1. 古今汉语数词都能与量词组合，构成数量短语。例如，在现代汉语中，可以说“一亩地”“五斗米”“一杯热茶”“五辆车”“一百斤大米”“看了三遍”等。在古代汉语中，也能见到相类的例子。例如：

（1）五亩之宅，树之以桑，五十者可以衣帛矣。（《孟子·梁惠王上》）

（2）一斗粟，尚可舂。（《史记·淮南衡山列传》）

（3）一箪食，一瓢饮，在陋巷，人不堪其忧，回也不改其乐。（《论语·雍也》）

（4）车千乘，载燕南赵北，剑客奇才。（刘克庄《沁园春·梦孚若》）

(5) 齐王使淳于髡之赵请救兵，赍金百斤，车马十驷。(《史记·滑稽列传》)

(6) 读书百遍，其义自见。(《三国志·魏书·王肃传》)

可见，数词位于量词前并与量词组成数量短语，古今一致。

2. 古今汉语数词前都可以加上“第”“初”，用以表示次序。例如：

(1) 腊月初七，他就迫不及待地回来了。

(2) 初七及下九，嬉戏莫相忘。(《玉台新咏·孔雀东南飞》)

(3) 这回期中考试，他考了第十八名。

(4) 述《贾谊传》第十八。(《汉书·叙传》)

3. 古今汉语数词后均可加上词缀，用以表示概数。例如：

(1) 她大约三十多岁，已经有了少许白发。

(2) 码头上大约来了百把人。

(3) 他爸爸看起来五十以上的年龄。

(4) 临淄有大蛇，长十许丈。(干宝《搜神记》)

(5) 潭中鱼可百许头。(柳宗元《小石潭记》)

(6) 北部督邮西平郅伯夷年三十所。(应劭《风俗通义·怪神》)

(7) 才留三千所兵守武昌耳。(《三国志·吴书·周鲂传》)

(二) 古今汉语数词同中有异的表现

1. 古今汉语数词在表数方式上同中有异。在古今汉语中，数词都是用来表示数目和次序的，但也存在四点差异。

一是基数表示法同中有异。在现代汉语中，表示“十”以上的数目，是由几个数词依次组合成数词词组。例如：

(1) 李明今年十八了。

(2) 一年有三百六十五天。

在古代汉语里，要表示“十”以上的数目，既可由几个数词组成数词词组，也可用“有”连接整数和零数。这里的“有”通“又”。例如：

(3) 章小女年可十二。(《汉书·王章传》)

(4) 十三能织素，十四学裁衣，十五弹箜篌，十六诵诗书。十七为君妇，

心中常苦悲。(《玉台新咏·孔雀东南飞》)

(5) 吾十有五而志于学。(《论语·为政》)

(6) 割地而朝者三十有六国。(《韩非子·五蠹》)

(7) 臣密今年四十有四，祖母刘今年九十有六。(李密《陈情表》)

(8) 今夫差衣水犀之甲者亿有三千。(《国语·越语上》)

例(5)至例(7)中的“十有五”“三十有六”“四十有四”“九十有六”即“十五”“三十六”“四十四”“九十六”。例(8)的“亿有三千”即“一亿三千”。需要指出的是，古代汉语中整数前的“一”通常是省略的。

二是分数表示法同中有异。在古代汉语中，分数的表示也有与现代汉语相同的形式，如《三国志·蜀书·诸葛亮传》:“若复数年，则损三分之二也，当何以图敌?”不过，古代汉语除与现代汉语一样用“母数+分+之+子数”来表示分数外，还有“母数+名词+之+子数”“母数+之+子数”“母数+分+名词+之+子数”“母数+子数”等形式。例如:

(9) 先王之制，大都不过参国之一，中五之一，小九之一。(《左传·隐公元年》)

(10) 今行父虽未获一吉人，去一凶矣，于舜之功，二十之一也。(《左传·文公十八年》)

(11) 法，一月之日二十九日八十一分日之四十三。(《汉书·律历志》)

(12) 方今大王之兵众不能十分吴楚之一。(《史记·淮南衡山列传》)

(13) 汉兵物故什六七。(《史记·匈奴列传》)

(14) 藉弟令毋斩，而戍死者固十六七。(《史记·陈涉世家》)

(15) 会大寒，士卒堕指者什二三。(《汉书·高帝纪》)

(16) 盖予所至，比好游者尚不能十一。(王安石《游褒禅山记》)

例(9)中“参国之一”即“国都的三分之一”,“五之一”即“五分之一”,“九之一”即“九分之一”。例(10)中“二十之一”即“二十分之一”。例(11)中“二十九日八十一分日之四十三”即“二十九日又八十一分之四十三日”。例(12)中“十分吴楚之一”即“吴国和楚国的十分之一”。例(13)(14)中“什六七”“十六七”即“十分之六七”。例(15)中“什二三”即“十分之二三”。例(16)中“十一”即“十分之一”。

三是序数表示法同中有异。在现代汉语中，表示数目的次序，一般是在基数或由基数组成的数词词组前加上助词“第”或“初”，如“第五（排）”“第一（名）”“初九”“初四”等。在古代汉语中，表示序数也可在基数前加上助词“初”或“第”。除此之外，还可以用“太上”“长”等表示“第一”，用“次”“其次”“次之”“次者”等表示“第二”“第三”“第四”等。或者，用天干等来表示。例如：

（17）太上贵德，其次务施报。（《礼记·曲礼》）

（18）奋长子建，次子甲，次子乙，次子庆，皆以驯行孝谨，官皆至二千石。（《史记·万石张叔列传》）

（19）王当歃血而定从，次者吾君，次者遂。（《史记·平原君虞卿列传》）

四是倍数表示法同中有异。在现代汉语中，表示倍数一般是在数词的后面加上“倍”，如“三倍”“五倍”“十倍”“百倍”等，但在古代汉语中则有两种形式。一种是在基数的后面加上“倍”，如：

（20）此皆十倍其国之众，而未能食其地也。（《墨子·非攻下》）

（21）田租口赋，盐铁之利，二十倍于古。（《汉书·食货志》）

（22）伯乐一顾，价增三倍。（韩愈《为人求荐书》）

另一种是用数词直接表示（表示一倍时省略“一”），如：

（23）夫物之不齐，物之情也。或相倍蓰，或相什佰，或相千万。（《孟子·滕文公上》）

（24）利不百，不变法；功不十，不易器。（《商君书·更法》）

（25）故用兵之法，十则围之，五则攻之，倍则分之。（《孙子·谋攻》）

例（23）“倍蓰”中的“倍”指“一倍”，“一”被省略；“蓰”专指“五倍”；“什佰”“千万”的意思是“十倍、百倍”“千倍、万倍”。例（24）中的“百”“十”就是“百倍”“十倍”。例（25）中的“十”“五”“倍”就是“十倍”“五倍”“两倍”。

2. 古今汉语数词在句法功能上同中有异。这种同中有异主要体现在两个方面。

一是充当主语、宾语时同中有异，如：

（1）一是一，二是二。

（2）一厝朔东，一厝雍南。（《列子·汤问》）

(3) 二乘四等于八。

(4) 曩与吾祖居者，今其室十无一焉。(柳宗元《捕蛇者说》)

(5) 四加三等于七。

(6) 回也闻一以知十，赐也闻一以知二。(《论语·公冶长》)

(7) 高祖……拔剑击斩蛇。蛇遂分为两，径开。(《史记·高祖本纪》)

例（1）中的第一个“一”“二”分别做句子的主语，第二个“一”“二”分别做宾语。例（2）中的两个“一”都做句子的主语，有名物化倾向，分别指代两座山。例（3）中主谓短语“二乘四”做句子的主语，其中“二”“四”分别做主谓短语的主语和宾语，“八”则做句子的宾语。例（4）中主谓短语“十无一”做句子的谓语，其中“十”“一”分别做主谓短语的主语和宾语。例（5）的结构同例（3）。例（6）中的两个“一”均做动词“闻”的宾语，“十”“二”做动词“知”的宾语。例（7）中的“两”做“为”的宾语。

由上述例子可知，现代汉语数词充当主语和宾语时会受特定场合的限制，这种限制一般是对事物的判定或是数学上的计算方式，但是古代汉语数词充当主语和宾语时并不受特定场合的限制，显示出了很大的灵活性。

二是充当谓语时同中有异。在现代汉语中，数词充当谓语只限于极少数表示年龄的句子。例如：

(8) 他今年十八了。

(9) 我今年才二十。

在古代汉语中，数词用作谓语不只限于表示年龄的句子，即使是在一般的句子中，也可充当谓语。例如：

(10) 章小女年可十二。(《汉书·王章传》)

(11) 今窃闻大王之卒，武士二十万，苍头二十万，奋击二十万，厮徒十万。(《史记·苏秦列传》)

(12) 盖一岁之犯死者二焉。(柳宗元《捕蛇者说》)

(13) 势齐则不一。(《荀子·王制》)

(14) “孰能一之?”对曰：“不嗜杀人者能一之。”(《孟子·梁惠王上》)

(15) 此三子者……与臣而将四矣。(《战国策·魏策四》)

例（10）中表示年龄的数词“十二”，与现代汉语中的一样可以做句子的谓语。例（11）中的“武士二十万，苍头二十万，奋击二十万，厮徒十万”相当于现代汉语所说的“武士有二十万，青巾裹头的有二十万，能冲锋陷阵的有二十万，伙夫、马夫等杂役有十万”。例（12）中的“二”做句子的谓语，意思是“有两次（威胁）”。例（13）中的“一”做句子的谓语，意思是“统一”，受否定副词“不”的修饰限定，但也有学者认为属于活用作动词。例（14）中的两个“一”均做谓语，意思是“统一”，但也有学者认为属于活用作动词。例（15）中的“四”做谓语，意思是“成为四个人”，受副词“将”的修饰限定，但也有学者认为属于活用作动词。

（三）古今汉语数词的不同点

从句法功能角度看，古今汉语数词的不同点有两个。

一是做状语时有明显的差异。现代汉语数词不能单独充当状语，必须和量词组成数量词组才行，但在古代汉语中，数词可单独充当状语。例如：

（1）齐人三鼓。（《左传·庄公十年》）

（2）鲁人从君战，三战三北。（《韩非子·五蠹》）

（3）三顾臣于草庐之中。（《三国志·蜀书·诸葛亮传》）

（4）桓公九合诸侯，不以兵车，管仲之力也！（《论语·宪问》）

（5）公输盘九设攻城之机变，子墨子九距之。（《墨子·公输》）

例（1）（2）（3）中的数词“三”后没有量词“次”，直接做动词“鼓”“战”“北”“顾”的状语。例（4）（5）中的数词“九”往往言其多，意思是“多次”，其后也没有出现量词“次”，直接做动词“合”“设”“距”的状语。

二是做定语时有所不同。现代汉语数词一般不单独充当定语，必须和量词组成数量词组才行，但在古代汉语中，数词可单独充当定语。例如：

（6）帝感其诚，命夸娥氏二子负二山。（《列子·汤问》）

（7）西门豹即发民凿十二渠。（《史记·滑稽列传》）

（8）孙权大会群臣，使人牵一驴入。（《三国志·吴书·诸葛滕二孙濮阳传》）

(9) 常作二铁板。(沈括《梦溪笔谈·技艺》)

上例中“二子”“二山”“十二渠”“一驴”“二铁板”的数词后面均没有量词，如果用现代汉语来表述，则需增加量词，即改为“两个儿子”“两座山”“十二条水渠”“一头驴”“两块铁板”。

第五章　量词

量词是表示人、事物或动作、行为的计算单位的词。例如：

(1) 子产以幄幕九张行。(《左传·昭公十三年》)

(2) 传吏疑其伪，乃椎鼓数十通。(《后汉书·光武帝纪》)

例 (1) 中，“张” 是表示名词 “幄幕” 的计算单位的；例 (2) 中，“通” 是表示动作、行为 “椎” 的计算单位的。

一、量词的种类

1. 在上古汉语中，普遍存在的是表示人、事物的计算单位的量词，依据其性质可以分为两类：

一类是度量词，即表示度量衡计算单位的量词，如尺、寸、丈、雉、合、升、斗、斤、两、铢、里、亩、顷等。这种量词早在周代就已经普遍使用了。例如：

(1) 四升为豆，各自其四，以登于釜，釜十则钟。(《左传·昭公三年》)

(2) 夫尺有所短，寸有所长。(《楚辞·卜居》)

(3) 吾力足以举百钧。(《孟子·梁惠王上》)

例 (1) 中，“升” “釜” “钟” 是计算容量的单位；例 (2) 中，“尺” “寸” 是计算长短的单位；例 (3) 中，“钧” 是计算重量的单位。

另一类是个体量词，即表示个体的人或事物的数量单位的量词，如个、张、只、匹、颗、回、次、枚、条等。这种量词是汉语特有的，产生较早，在甲金文字中已较常见。例如：

(4) 俘人十有六人。(《甲骨文合集》137反)

(5) 甲辰乞骨十骨。(《甲骨文合集》35211)

(6) 锡之邑二百又九十九邑。(《齐侯镈》)

由例(4)(5)(6)可见，量词位置上的“人”“骨”“邑”都是名词，可以说古代汉语中的个体量词有些借用于名词。但是在金文中，同样也可以见到现代意义上的个体量词，例如：

(7) 孚马百四匹，孚车百□两。(《小盂鼎》)

此外，还有借用工具的名称作为个体量词的用法。例如：

(8) 一箪食，一瓢饮。(《论语·雍也》)

(9) 见豕负涂，载鬼一车。(《易经·睽卦》)

随着量词的发展，个体量词越来越多，如头、群、根、把等。

2. 随着量词体系的渐趋完备，又产生了表示动作、行为的计算单位的量词。根据量词与其他词类搭配使用的情况，则可以将量词分为名量词和动量词。

名量词，是指表示人或事物的计算单位的量词。其产生较早，包括前文提到的度量词和个体量词。例如：

(1) 军书十二卷，卷卷有爷名。(《乐府诗集·木兰诗》)

(2) 汤以七十里之地王天下，文王以百里之壤而臣诸侯。(《史记·平原君虞卿列传》)

动量词，是指表示动作、行为的计算单位的量词。其产生较晚，直到魏晋六朝时期才开始大量出现。例如：

(3) 言“读书百遍，其义自见”。(《三国志·魏书·王肃传》)

(4) 巴东三峡巫峡长，猿鸣三声泪沾裳。(郦道元《水经注》)

二、量词的表示方法

1. 在上古汉语中，数词可直接位于名词前后，表示人或事物的数量。

例如：

(1) 入于穴，有不速之客三人来。(《易经·需卦》)

(2) 吏二缚一人诣王。(《晏子春秋·内篇》)

(3) 以乘韦先，牛十二，犒师。(《左传·僖公三十三年》)

例（1）中，数词“三”直接用于名词“人”前，表示“三个”。例（2）中，数词“一”直接用于名词“人”前，表示“一个”；而“二”位于名词“吏”的后面，表示“两个”或“两位”。例（3）中，数词“十二”位于名词“牛”的后面，表示“十二头”。这种用法在现代汉语中已经消失。

2. 有时数词与量词构成数量短语，同样是既可用于名词前又可用于名词后；有时数量短语与名词中心语之间插入虚词“之”。例如：

(1) 力不能胜一匹雏。(《孟子·告子下》)

(2) 成都有桑八百株。(《三国志·蜀书·诸葛亮传》)

(3) 汤以七十里之地王天下，文王以百里之壤而臣诸侯。(《史记·平原君虞卿列传》)

3. 在上古汉语中，数词位于动词前，直接表示动作、行为的数量。例如：

(1) 五就汤五就桀者，伊尹也。(《孟子·告子下》)

(2) 梁使三反，孟尝君固辞不往也。(《战国策·齐策四》)

例（1）中，“五”表示动作“就”发生了五次；例（2）中，“三”表示动作“反”发生了三次。至今，一些成语中仍保留此用法，如“百战百胜”“千变万化”等。

4. 数词与动量词构成数量短语，表示动作、行为的数量时，既可以位于动词前做状语，又可以位于动词后做补语。但是前一用法较为少见，且在现代汉语中已消失。例如：

(1) 此曲只应天上有，人间能得几回闻。(杜甫《赠花卿》)

(2) 三次论诤退，其志亦刚强。(张籍《祭退之》)

(3) 初，父邵使与南阳宗少文谈系象，往复数番。(《宋书·张邵传》)

(4) 早潮才落晚潮来，一月周流六十回。(白居易《潮》)

当谓语动词有宾语时，做补语的表示行为、动作数量的数量短语位于宾语之后，这与现代汉语的用法一致。例如：

(5) 缚之著树，鞭杖百余下。(《三国志·蜀书·先主传》)

(6) 孟尝君将西入秦，宾客谏之百通。(《说苑·正谏》)

三、古今汉语量词的异同

由于语言的发展变化，古今汉语量词在体系和语法功能上既有相同之处，也存在细微的差别。

(一) 古代汉语动量词的出现晚于物量词

现代汉语量词的体系比较完备，有表示人或事物的单位的物量词，也有表示动作行为的单位的动量词。例如：

(1) 她就没能参加闭门会议解释了一番。

(2) 教导主任在走廊里来回走了两趟，了解学生自习时的纪律情况。

(3) 他看了三遍她写给自己的信，仍然不能了解其中隐含的意思。

(4) 团队成员一起试验了四次。

上例中的动量词"番""趟""遍""次"与数词"一""两""三""四"组成数量短语，补充说明动作行为的数量。

但在上古时期，汉语量词尚不完备，只有表示人或事物的单位的物量词，没有表示动作行为的单位的动量词，要表示动作行为的数量，往往将数词直接置于动词之前。例如：

(5) 千变万化，不可穷极。(《列子·周穆王》)

(6) 臣有百战百胜之术。(《史记·魏世家》)

(7) 一鼓作气，再而衰，三而竭。(《左传·庄公十年》)

例 (5)(6)(7) 中数词"千""万""百""一"直接置于动词"变""化""战""胜""鼓"前，起修饰限定作用。

到了魏晋六朝时期，才有一些动量词出现，如：

(8) 缚之著树，鞭杖百余下。(《三国志·蜀书·先主传》)

(9) 读书百遍，其义自见。(《三国志·魏书·王肃传》)

(10) 初，父邵使与南阳宗少文谈系象，往复数番。(《宋书·张邵传》)

(11) 巴东三峡巫峡长，猿鸣三声泪沾裳。(郦道元《水经注》)

唐代以后，动量词又有进一步发展，出现了“回”“次”“遭”“度”“场”“阵”等，如：

(12) 自今以后知人意，一日须来一百回。(杜甫《三绝句》)

(13) 早潮才落晚潮来，一月周流六十回。(白居易《潮》)

(14) 三次论诤退，其志亦刚强。(张籍《祭退之》)

(15) 绕灯不去千百遭，忽然性命轻鸿毛。(萨都剌《灯蛾来·其一》)

(16) 闲云潭影日悠悠，物换星移几度秋。(王勃《滕王阁序》)

(17) 花园欲盛千场饮，水阁初成百度过。(元稹《追昔游》)

(18) 时浓雾半作半止，每一阵至，则对面不见。(徐霞客《游黄山记》)

(二) 古今汉语量词在组合功能上同中有异

从组合功能角度考察，古今汉语量词的表现也是同中有异，这主要表现在三个方面。

一是通常都能同数词组合，构成数量词组，相关例子参看前文所述。

二是中古以后出现了重叠构词形式，如：

(1) 家家养乌鬼，顿顿食黄鱼。(杜甫《戏作俳谐体遣闷二首·其一》)

(2) 船头大铜镮，摩挲光阵阵。(刘禹锡《淮阴行五首》)

(3) 个个尽如花乱发，人人皆似月娥飞。(《敦煌变文集·维摩诘经讲经文》)

(4) 分付与春休细看，条条尽是离人怨。(张先《蝶恋花·移得绿杨栽后院》)

需要强调的是，大多数现代汉语量词都能重叠，这是对中古以后汉语量词构词形式的继承。

三是现代汉语量词都能同指示代词组合，但古代汉语量词一般不能。例如：

(5) 这个是苹果，那个是橘子。

(6) 这场足球赛多么精彩呀!

(7) 那棵是桃树，这棵是梨树。

(8) 那张床是李明睡的。

在古代汉语中，量词之所以一般不同指示代词组合，是因为其多由名词兼任，或者多少带有一些名词性质。换言之，古代汉语量词表示计量单位没有现代汉语量词那么单纯，所以无须指示代词指代。

第六章　代词

代词是指具有替代、指示作用的词，它可以避免语言的重复和拖沓。古代汉语代词分为人称代词、指示代词和疑问代词。除此之外，古代汉语中还有两类比较特殊的代词：无定代词和辅助性代词。这两种代词在现代汉语中已经消失，其意义和作用在现代汉语中只能通过一些名词性的词组来表示。在现代汉语中，虽也有人称代词、指示代词和疑问代词，但与古代汉语的人称代词、指示代词和疑问代词已不完全相同。古代汉语的人称代词、指示代词和疑问代词都使用了许多与今天完全不同的形式，并且上古汉语中还没有产生能做主语的第三人称代词。

一、人称代词

古代汉语中的人称代词按照其指代对象可以分为：第一人称代词，又叫自称代词，如余、予、朕、卬、台、吾、我等；第二人称代词，又叫对称代词，如女（汝）、乃、尔、而、戎、若等；第三人称代词，又叫他称代词，如之、其、厥、彼、伊、渠、他等。

（一）第一人称代词

第一人称代词从语音上分为三类："我""吾""卬"是一类（声母相同，同属疑母；韵部相近，"我"属歌部，"吾"属鱼部，"卬"属阳部）；"余"

“予”“台”为一类（“予”和“余”同音，“予”和“台”只是开合口的区别）；“朕”自成一类。

按照第一人称代词称数的情况，第一人称代词可以分为两类：

一类是一般只表示单数的，如余、予、朕、台；另一类是既可指代单数又可指代双数的，如卬、吾、我等。

1. 余、予

“余”“予”虽写法不同，但是其古音相同，学者普遍认为，“余”“予”记录的应是同一个代词，均可指代单数。例如：

（1）余一人才立（位）。（《毛公鼎》）

（2）惟予一人无良，实赖左右前后有位之士，匡其不及，绳愆纠谬，格其非心，俾克绍先烈。（《尚书·周书·冏命》）

上例中，“一人”做“余”和“予”的同位语，很明显“余”“予”是指代单数。再如：

（3）阳货欲见孔子，孔子不见，归孔子豚。孔子时其亡也，而往拜之，遇诸涂。谓孔子曰：“来！予与尔言。”（《论语·阳货》）

（4）蹇叔之子与师，哭而送之，曰：“晋人御师必于殽。殽有二陵焉：其南陵，夏后皋之墓也；其北陵，文王之所辟风雨也。必死是间，余收尔骨焉。”（《左传·僖公三十二年》）

例（3）中，“予”指代“阳货”；例（4）中，“余”明显是指代“蹇叔”。阳货、蹇叔都是单独一个人，这里的“余”和“予”均相当于现代汉语中的“我”。

“余”“予”的语法功能：

第一，“余”“予”都可以做主语，如上两例。

第二，“余”“予”还可以做谓语动词的宾语。例如：

（1）名余曰正则兮，字余曰灵均。（《楚辞·离骚》）

（2）王如用予，则岂徒齐民安，天下之民举安。（《孟子·公孙丑下》）

例（1）中，“余”做“名”“字”的宾语；例（2）中，“予”做动词“用”的宾语。

第三，“余”“予”还可以做介词的宾语。例如：

（1）公度以余尝语洛中花品，而此邦之人多不敢言花于余。（《永乐大典

残卷·宋梅圣俞宛陵集》)

(2) 天生德于予，桓魋其如予何？(《论语·述而》)

第四，“余”“予”还可以做定语。“余”做定语时，其与中心语之间有时插入虚词“之”。例如：

(1) 自始合，而矢贯余手及肘。(《左传·成公二年》)

(2) 是而子杀余之弟也。(《左传·襄公十四年》)

(3) 启予足，启予手。(《论语·泰伯》)

例(1)中，“余”做“手及肘”的定语；例(2)中，“余”做“弟”的定语，且“余”与“弟”之间插入了虚词“之”；例(3)中，“予”做“足”“手”的定语。

2. 朕

“朕”作为第一人称代词，在甲骨文、金文中都可见到。例如：

(1) 戊寅卜，朕出今夕？(《甲骨文合集》22478)

(2) 王若曰：“……余隹即朕小学。”(《大盂鼎》)

(3) 帝曰：“咨！四岳。朕在位七十载，汝能庸命，巽朕位？”(《尚书·虞书·尧典》)

(4) 缵戎祖考，无废朕命。(《诗经·大雅·韩奕》)

(5) 皋陶曰：“朕言惠。”(《尚书·虞书·皋陶谟》)

(6) 朕皇考曰伯庸。(《楚辞·离骚》)

上例中的“朕”都是第一人称代词。例(5)中，虞舜的大臣皋陶也曾自称为“朕”。到了战国时期，一般人也可以用“朕”，如例(6)中的“朕”就是屈原的自称。秦以后，“朕”专用为帝王的自称。由此也可得知，上例中的“朕”表示的都是单数，相当于现代汉语中的“我”。

“朕”的语法功能：

“朕”可以做主语，如例(1)(5)和例(3)中的第一个“朕”；还可以做定语，如例(2)(4)(6)和例(3)中第二个“朕”。

3. 台

《尔雅·释诂》中认为：“台，我也。”例如：

(1) 非台小子，敢行称乱。(《尚书·商书·汤誓》)

此例中的“台小子”与《尚书·周书·金縢》中“予小子新命于三王，

惟永终是图”，以及《尚书·周书·君奭》中“嗣前人，恭明德，在今予小子旦非克有正，迪惟前人光施于我冲子”的“予小子”用法相同，做“小子”的同位语。“予小子”“台小子”相当于现代汉语中的“我这人”。除此例之外，《尚书》中还有五例用到“台”，均表示第一人称代词：

（2）中邦锡土、姓，祗台德先，不距朕行。（《尚书·夏书·禹贡》）

（3）成汤放桀于南巢，惟有惭德。曰：“予恐来世以台为口实。”（《尚书·商书·仲虺之诰》）

（4）肆台小子，将天命明威，不敢赦。（《尚书·商书·汤诰》）

（5）朝夕纳诲，以辅台德。（《尚书·商书·说命上》）

（6）台小子旧学于甘盘，既乃遁于荒野，入宅于河。（《尚书·商书·说命下》）

例（4）（6）与例（1）用法相同；例（2）（5）中，“台”做“德”的定语。例（3）的意思是“成汤担心后来的人效仿他的做法，以他为借口，也以下犯上、以臣反君，把他推翻”。句中的“台”是成汤的自称，相当于现代汉语中的“我”。

在《尚书》中，“台”除了充当人称代词外，还做疑问代词，相当于“何”，主要用于凝固结构“如台”中。例如：

（7）今汝其曰：“夏罪其如台？”（《尚书·商书·汤誓》）

（8）大命不挚，今王其如台？（《尚书·商书·西伯戡黎》）

“如台”就是“如何”的意思。

4. 卬

“卬”作为第一人称代词，主要出现于《尚书》《诗经》中。《尔雅·释诂》：“卬，我也。”《毛传》中也提道：“卬，我也。”曾有人认为“卬”是女性自称的代词，张玉金则认为，“‘卬’不但女人可以用来自称，男人亦可”。例如：

（1）招招舟子，人涉卬否。人涉卬否，卬须我友。（《诗经·邶风·匏有苦叶》）

（2）卬盛于豆，于豆于登。（《诗经·大雅·生民》）

例（1）的意思，一般认为是一个女子在渡口等待未婚夫，句中的“卬”可以是女性的自称；但例（2）中的“卬”是主持祭祀的周人的自称，应该是男性的自称了。再如：

（3）哀哉！予造天役，遗大投艰于朕身。越予冲人，不卬自恤。（《尚书·周书·大诰》）

例（3）中的“卬”是周公的自称。

由上可知，张玉金先生的观点是可取的。《广韵》载：“卬，五刚切，平唐疑。阳部”；“吾，五乎切，平模疑。鱼部”。在今苏北方言中，两字的读音仍很接近。“吾”出现较晚，“卬”应是“吾”的本源，可以表示单、复数。

5. 吾

最近研究表明，第一人称代词“吾”大约出现于西周晚期，在先秦文献中已较为习见。例如：

（1）吾罪大矣。（《左传·成公十五年》）

（2）今者吾丧我。（《庄子·齐物论》）

（3）我张吾三军而被吾甲兵。（《左传·桓公六年》）

例（1）中，“吾”做中心语“罪”的定语，表单数，相当于现代汉语“我的”；例（2）中，“吾”做“丧我”的主语，表单数，相当于现代汉语“我”；例（3）中，“吾”做“三军”“甲兵”的定语，表复数，相当于现代汉语“我们的”。

一般说来，“吾”不做宾语，但可以做前置的宾语。代词在否定句中做宾语时要前置，这时的“吾”可以做宾语。例如：

（4）我胜若，若不吾胜。（《庄子·齐物论》）

此例的“吾”在否定句中做“胜”的宾语，位于“胜”之前。这就说明“吾”不能置于谓语动词后。

6. 我

“我”，早在甲骨文中即已被借用为人称代词。例如：

（1）辛酉卜，㱿贞：乙丑其雨，不隹我祸。（《甲骨文合集》6943）

在此例否定句中，“我”做动词“祸”的宾语，位于谓语动词之前，表示复数，相当于现代汉语中的“我们”。

“我”的生命力很强，在语言发展中呈强势，既可充当句子的主语、宾语，又可做中心语的定语、判断句的谓语等。例如：

（2）我戮之不祥，赦之以劝事君者。（《左传·成公二年》）

(3) 昔召康公命我先君大公曰:"五侯九伯……"(《左传·僖公四年》)

(4) 王曰:"吾惛,不能进于是矣。愿夫子辅吾志,明以教我。我虽不敏,请尝试之。"(《孟子·梁惠王上》)

(5) 人死,则曰:"非我也,岁也。"(《孟子·梁惠王上》)

例(2)中,"我"做主语,是前文中"郤克"的自称,表单数;例(3)中,"我"做定语,是自称齐国人,相当于现代汉语中的"我们",表复数;例(4)中,"我"做谓语动词"教"的宾语,是齐宣王自称,表单数;例(5)中,"我"做判断句的谓语中心语。

"我"一直沿用至今,是现代汉语普通话中唯一的第一人称代词。

(二)第二人称代词

第二人称代词在上古时期有女、汝、乃、尔、而、戎、若等。它们读音相近,同属泥母,"女""汝""若"是鱼铎对转,"乃""而""戎"属旁对转。战国以后,第二人称代词逐渐归并,如"戎"为"而""乃"所取代,"女"为"汝"所取代,因此第二人称代词剩下"汝""尔""若""乃""而"五个。大约中古时期,"你"渐渐替代了"尔",后又出现了表敬意的对称代词"您"。

一般认为,第二人称代词与第一人称代词有对应关系:"吾""余""予"和"汝"相配,"我"和"尔"相配,"卬"和"若"相配,"台"和"而"相配,"朕"和"戎"相配。基于这种搭配关系,在表示称数问题上,"汝"在绝大多数情况下表示单数,"尔""若"既可以表示单数,又可以表示复数,"而"和"戎"往往表示单数。

须注意的是,这种相配关系并不是非常严格的。如前例"我胜若,若不吾胜"中,"我""吾"就与"若"搭配使用;前例"帝曰:'咨!四岳。朕在位七十载,汝能庸命,巽朕位?'"中,"朕"与"汝"搭配使用。

第二人称代词的语法功能:

1. "女""汝""若""尔""戎""乃""而",都可以做主语。例如:

(1) 女虽湛乐从,弗念厥绍。(《诗经·大雅·抑》)

(2) 汝作司徒。(《尚书·虞书·舜典》)

(3) 五侯九伯，若实征之。(《史记·齐太公世家》)

(4) 尔何知，中寿，尔墓之木拱矣。(《左传·僖公三十二年》)

(5) 戎虽小子，而式弘大。(《诗经·大雅·民劳》)

(6) 君！惟乃知民德亦罔不能厥初，惟其终。(《尚书·周书·君奭》)

(7) 而秉义类，强御多怼。(《诗经·大雅·荡》)

“女”“汝”“若”“尔”经常充当主语，“戎”“乃”“而”做主语则较为少见。

2.“女”“汝”“若”“尔”“乃”“而”“戎”，都可以做定语。例如：

(1) 人夺女妻而不怒。(《左传·文公十八年》)

(2) 汝病吾不知时，汝殁吾不知日。(韩愈《祭十二郎文》)

(3) 吾翁即若翁。(《史记·项羽本纪》)

(4) 中寿，尔墓之木拱矣。(《左传·僖公三十二年》)

(5) 必欲烹乃翁，幸分我一杯羹。(《汉书·陈胜项籍传》)

(6) 嗟尔朋友，予岂不知而作？(《诗经·大雅·桑柔》)

(7) 缵戎祖考，无废朕命。(《诗经·大雅·韩奕》)

3.“女”“汝”“若”“尔”既可以做动词宾语，还可以做介词宾语。例如：

(1) 九月，纪裂繻来逆女，卿为君逆也。(《左传·隐公二年》)

(2) 硕鼠硕鼠，无食我黍。三岁贯女，莫我肯顾。(《诗经·魏风·硕鼠》)

(3) 若不趣降汉，汉今虏若，若非汉敌也。(《史记·项羽本纪》)

(4) 如或知尔，则何以哉？(《论语·先进》)

(5) 连称有从妹在公宫，无宠，使间公，曰：“捷，吾以女为夫人。”(《左传·庄公八年》)

(6) 舜曰：“嗟！伯夷，以汝为秩宗，夙夜维敬，直哉维静洁。”(《史记·五帝本纪》)

(7) 既异乎我与若矣，恶能正之？(《庄子·齐物论》)

(8) 昊天曰旦，及尔游衍。(《诗经·大雅·板》)

前四例中，“女”“若”“尔”做动词“逆”“贯”“虏”“知”的宾语；后四例中，“女”“汝”“若”“尔”做介词“以”“与”“及”的宾语。

4. “尔”“汝”“女”还可以做兼语。例如：

(1) 岂弟君子，俾尔弥尔性。(《诗经·大雅·卷阿》)

(2) 皇后凭玉几，道扬末命：命汝嗣训，临君周邦。(《尚书·周书·顾命》)

(3) 女为惠公来求杀余，命女三宿，女中宿至。(《左传·僖公二十四年》)

(三) 第三人称代词

上古汉语中的第三人称代词“之”“其”“厥”等，都来自指示代词。当其只有称代作用而没有指示作用时，即已经完成向人称代词的转化。须注意的是，古代汉语中的第三人称代词不仅可以指代人，有时还可以指代事物。例如：

(1) 欲与大叔，臣请事之。(《左传·隐公元年》)

(2)“九鼎既成，迁于三国。”夏后氏失之，殷人受之。(《墨子·耕柱》)

(3) 师之所为，郑必知之。(《左传·僖公三十二年》)

例(1)中的“之”代“大叔”，是代人；例(2)中的“之”代“九鼎”，是代物；例(3)中的“之”代“师之所为”，是代事情。

一般情况下，“之”主要做宾语；“其”“厥”主要做定语，作用相当于“名词+虚词‘之’”。上例中的第三人称代词“之”均做宾语。再如：

(4) 回也，其心三月不违仁。(《论语·雍也》)

(5) 南方有鸟，其名为鹓鸰。(《庄子·秋水》)

(6) 无念尔祖，聿修厥德。永言配命，自求多福。(《诗经·大雅·文王》)

(7) 近者献其明，远者通厥聪。(《汉书·袁盎晁错传》)

“其”“厥”有时也可做主语，但比较少见。例如：

(8) 我退而楚还，我将何求？若其不还，君退臣犯，曲在彼矣。(《左传·僖公二十八年》)

(9) 文王受命惟中身，厥享国五十年。(《尚书·周书·无逸》)

上古后期，指示代词“彼”在发展过程中指示性渐弱，称代性渐强，成为较为成熟的第三人称代词。例如：

(10) 我退而楚还，我将何求？若其不还，君退臣犯，曲在彼矣。(《左传·僖公二十八年》)

(11) 彼，丈夫也；我，丈夫也。吾何畏彼哉？(《孟子·滕文公上》)

例 (10) (11) 中，“彼”的称代作用明显；例 (11) 中，“彼”的用法与现代汉语中“他”的用法已臻于一致。

“渠”字被借用作代词大约始于三国时期。《集韵·鱼韵》：“吴人呼彼称，通作渠。”例如：

(12) 女婿昨来，必是渠所窃。(《三国志·吴书·赵达传》)

(13) 虽与府吏要，渠会永无缘。(《玉台新咏·孔雀东南飞》)

“伊”这个词在上古只用作指示代词。例如：

(14) 所谓伊人，在水一方。(《诗经·秦风·蒹葭》)

同其他第三人称代词一样，“伊”在汉以后就逐渐转化为第三人称代词了。值得注意的是，“伊”这个词通用于主语、定语、宾语、兼语，但以充当主语居多，而且弥补了“其”与“之”的不足，唐宋以后就比较通用了。例如：

(15) 勿学汝兄，汝兄自不如伊。(《世说新语·品藻》)

(16) 查尤三姐原系贾珍妻妹，本意为伊择配，因被逼索定礼，众人扬言秽乱，以致羞愤自尽。(《红楼梦》一〇七回)

“他”作为第三人称代词，在中古以后逐渐被人们采用。例如：

(17) 世人欲得知姓名，良久问他不开口。(高适《渔父歌》)

二、指示代词

指示代词是指称人或事物的代词。古代汉语中常用的指示代词有“是”“此”“斯”“彼”“夫”“兹”“之”“其”等。

指示代词一般可以分为两类：一是表示近指的指示代词，包括“是”“此”“斯”“兹”等；二是表示远指的指示代词，包括“彼”“夫”等。

（一）近指代词

表示近指的代词“是”“此”“斯”“兹”在古代汉语中是比较常见的，可用作主语、定语、宾语，相当于现代汉语的“这”“这个”“这里”。例如：

（1）是知其不可而为之者与？（《论语·宪问》）

（2）此谚所谓“庇焉而纵寻斧焉”者也。（《左传·文公七年》）

（3）惟知心之难得，斯百一而为收。（韩愈《别知赋》）

（4）兹事体大而允，寤寐次于圣心。（班固《典引》）

上述例句中的“是”“此”“斯”“兹”均做主语，相当于现代汉语中的“这”。

（5）是鸟也，海运则将徙于南冥。（《庄子·逍遥游》）

（6）以与我郑国争此土也。（《左传·隐公十一年》）

（7）故予与同社诸君子，哀斯墓之徒有其石也，而为之记。（张溥《五人墓碑记》）

（8）念兹戎功，继序其皇之。（《诗经·周颂·烈文》）

上述例句中的“是”“此”“斯”“兹”均做定语，限定后面的中心语“鸟”“土”“墓”“戎功”。

（9）今其人在是。（《战国策·赵策三》）

（10）王如知此，则无望民之多于邻国也。（《孟子·梁惠王上》）

（11）陟降厥士，日监在兹。（《诗经·周颂·敬之》）

（12）“唇亡则齿寒”，其斯之谓欤？（《穀梁传·僖公二年》）

（13）以是观之。（《左传·襄公三十一年》）

（14）吾先君新邑于此，王室而既卑矣。（《左传·隐公十一年》）

（15）不图为乐之至于斯也。（《论语·述而》）

（16）庶狱庶慎，文王罔敢知于兹。（《尚书·周书·立政》）

例（9）至例（12）中的“是”“此”“兹”“斯”，均做动词宾语；例（12）中的“斯”做动词“谓”的宾语，因强调而前置。例（13）至例（16）中的“是”“此”“斯”“兹”，做介词“以”“于”的宾语。

“是”做宾语时，往往可以放在动词前，表示强调。这种用法在金文、

《诗经》中较为习见。例如：

(17) 维叶莫莫，是刈是濩。(《诗经·周南·葛覃》)

上例中，“是”分别做动词“刈”“濩”的前置宾语。名词或名词性短语做动词前置宾语时，往往用“是”来复指；这时“是”与前置的名词或名词短语构成同位语，共同做宾语，当然“是”也是前置宾语。又如：

(18) 岂不谷是为？先君之好是继。(《左传·僖公四年》)

(19) 天子是若，明命使赋。(《诗经·大雅·烝民》)

(二) 远指代词

“彼”是学术界公认的与“此”相对应的远指代词。例如：

(1) 彼一时也，此一时也。(东方朔《答客难》)

(2) 彼亦一是非，此亦一是非。(《庄子·齐物论》)

上例中“彼”“此”相对，指示性很强。

“彼”的主要语法功能是可以做主语、定语和宾语。例如：

(3) 我欲易之，彼四人辅之，羽翼已成，难动矣。(《史记·留侯世家》)

(4) 息壤在彼。(《战国策·秦策二》)

例(1)(2)中的“彼”做主语。例(3)中的“彼”做定语，指示人。由于“彼”可以指示人，后来才逐渐变为第三人称代词。例(4)中，“彼”做动词“在”的宾语。

“夫”也是指示代词，不过其指示性较弱。它经常用作定语，有时还放在动词后指示比较复杂的宾语。例如：

(5) 食夫稻，衣夫锦。(《论语·阳货》)

(6) 夫二人者，鲁国社稷之臣也。(《左传·成公十六年》)

(7) 左右曰：“乃歌夫长铗归来者也。”(《战国策·齐策四》)

例(5)中，“夫”做“稻”和“锦”的定语，其指示性比“彼”轻得多；例(6)中，“夫”做“二人”的定语；例(7)中，“夫”指代整个宾语“长铗归来”。

(三) 特殊的指示性代词

1. 之、其

“之”“其”虽称代第三人称，但做人称代词功能不完备，这也是由指示代词的指称性转化而来的。作为指示代词的“之”表泛指，相当于现代汉语的“这”“那”。例如：

(1) 之二虫又何知？(《庄子·逍遥游》)

(2) 夫人朝夕退而游焉，以议执政之善否。其所善者，吾则行之；其所恶者，吾则改之，是吾师也。(《左传·襄公三十一年》)

例(1)中，“之”做“二虫”的定语，“之二虫”的意思是“这两个虫子”；例(2)中，“之”泛指“所善”“所恶”。

指示代词“其”表示特指，即用来指示一定的人或事物，相当于现代汉语中的“那个”。例如：

(3) 至其时，西门豹往会之河上。(《史记·滑稽列传》)

(4) 晨门曰：“奚自？”子路曰：“自孔氏。”曰：“是知其不可而为之者与？”(《论语·宪问》)

例(3)中，指示代词“其”做定语，限定中心语“时”；例(4)中，指示代词“其”做动词“知”的宾语。

2. 然、若、尔

“然”“若”“尔”也用作指示代词，相当于现代汉语中的“这个”“这样”“如此”等。例如：

(1) 闻若言，莫不挥泣奋臂而欲战。(《战国策·齐策六》)

(2) 河东凶亦然。(《孟子·梁惠王上》)

(3) 相去万余里，故人心尚尔。(《文选·古诗十九首》)

例(1)中，“若”相当于“如此”，在这里做“言”的定语；例(2)(3)中，“然”“尔”相当于“这样”，在句中做谓语。这三个指示性代词带有描写的性质，因此，很多学者认为“然”“若”“尔”具有谓词性。

3. 焉、诸

“焉”既是指示代词，同时又具有语气词的性质。它所指代的范围或方面，经常与人物、事情或处所有关。例如：

(1) 三人行，必有我师焉。(《论语·述而》)

(2) 君子道者三，我无能焉。(《论语·宪问》)

(3) 积土成山，风雨兴焉；积水成渊，蛟龙生焉。(《荀子·劝学》)

例 (1) 中，“焉”指称人；例 (2) 中，“焉”指称事情；例 (3) 中，“焉”指称处所。在以上例句中，指示代词“焉”均用在不及物动词后面。除此之外，“焉”还可以用在形容词后面，表示一种比较。例如：

(4) 过而能改，善莫大焉。(《左传·宣公二年》)

(5) 晋国，天下莫强焉。(《孟子·梁惠王上》)

“焉”由于经常放在句尾，便逐渐具有了语气词的性质。在有的句子里，其甚至就是纯粹的语气词。例如：

(6) 君以为易，其难也将至矣；君以为难，其易也将至焉。(《国语·晋语四》)

(7) 夫子言之，于我心有戚戚焉。(《孟子·梁惠王上》)

例 (6) 中的“焉”与上句的“矣”平行使用，显然“焉”不具有指代的性质。例 (7) 中，“有戚戚”前已经有介词短语“于我心”，后面才是“焉”；“焉”与“于我心”共用，则这个“焉”就只是表示提示和停顿的语气词了。

“诸”是代词“之”和“于”(或“乎”)的合音，而“之”是指示代词，因此“诸”在一定程度上具有了指代性。“诸”在古代汉语里较为习见。例如：

(8) 穆公访诸蹇叔。(《左传·僖公三十二年》)

(9) 人孰敢不听而化诸？(《庄子·应帝王》)

(10) 宋人或得玉，献诸子罕，子罕弗受。(《左传·襄公十五年》)

三、疑问代词

疑问代词是用一些词指代、询问不知道的人、事物、处所等。根据其用法的不同，可以分为两类：一类是代人的，有“谁”“孰”等；另一类是代事物、情况、处所等的，如“孰”“何”“安”“恶”“胡”　“焉”　“曷”“奚”等。

1. 谁

“谁”是指人的疑问代词，可以用作主语、宾语、定语、谓语等。例如：

（1）以此众战，谁能御之？（《左传·僖公四年》）

（2）臣实不才，又谁敢怨？（《左传·成公三年》）

（3）吾谁与为亲？（《庄子·齐物论》）

（4）太守谓谁？庐陵欧阳修也。（欧阳修《醉翁亭记》）

（5）骖马，谁马也？（《战国策·宋卫策》）

（6）子为元帅，师不用命，谁之罪也？（《左传·宣公十二年》）

（7）孟尝君怪之，曰：“此谁也？”（《战国策·齐策四》）

例（1）中的“谁”做主语。例（2）（3）（4）中的“谁”做宾语，其中例（2）（4）中的“谁”是做动词的宾语，例（3）中的“谁”是做介词的宾语。

在疑问句中，当疑问代词“谁”做宾语时，应置于动词、介词之前，如例（2）（3）。但在汉代以后，这条规则在口语中消失了，这种现象有时在文人的作品中也反映了出来，如例（4）中的“谁”便没有前置。例（6）（7）中的“谁”做定语。当“谁”做定语时，往往在“谁”和中心语之间插入虚词“之”，没有虚词“之”的比较少见。

2. 孰

疑问代词“孰”既可以指人，还可以指事物。“孰”一般用在选择问句中，多用作主语。例如：

（1）父与夫孰亲？（《左传·桓公十五年》）

（2）天下之害孰为大？（《墨子·兼爱下》）

这两个例句中的疑问代词“孰”均做主语，其中例（1）的“孰”指人，相当于现代汉语中的“哪个人”，例（2）的“孰”指物。

当“孰”指人时，有时可不表示选择，这时其与“谁”的作用相同。例如：

（3）赤也为之小，孰能为之大？（《论语·先进》）

（4）晋侯曰：“孰可以代之？”（《左传·襄公三年》）

疑问代词“孰”还可以做宾语，但较为少见。当“孰”做宾语时，仍要前置。例如：

(5) 王者孰谓？谓文王也。(《公羊传·隐公元年》)

疑问代词“孰”经常同“与”字连用，构成凝固结构，用以比较人物的高下或事物的得失。例如：

(6) 我孰与城北徐公美？(《战国策·齐策一》)

(7) 从天而颂之，孰与制天命而用之？(《荀子·天论》)

例(6)中，“孰与”是比较“我”和“徐公”哪一个美；例(7)中，“孰与”是比较“从天而颂之”与“制天命而用之”的得失。

3. 何

疑问代词“何”询问的范围比较宽泛，可以指人、物、处所以及原因等。“何”可以做宾语、定语、状语。

当“何”做宾语时，仅指代事物、处所，一般不指代人。例如：

(1) 星队、木鸣，国人皆恐。曰：“是何也？”曰：“无何也。”(《荀子·天论》)

(2) 孟尝君曰：“客何好？”(《战国策·齐策四》)

(3) 轸不之楚何归乎？(《史记·张仪列传》)

例(1)中的“何”做动词“无”的宾语，指物，因不是疑问句，不用前置。例(2)(3)中的“何”做疑问句中动词“好”“归”的宾语，前置；例(2)中的指事物，例(3)中的“何”指处所。当疑问代词“何”做介词宾语时，也要前置。如《左传·成公三年》：“子归，何以报我？”中，“何”做介词“以”的宾语前置。

当“何”做定语时多指事物，但也可以指时间、地点，还可以指人。例如：

(4) 王笑曰：“是诚何心哉？”(《孟子·梁惠王上》)

(5) 万川归之，不知何时止而不盈？(《庄子·秋水》)

(6) 儿童相见不相识，笑问客从何处来？(贺知章《回乡偶书》)

(7) 是何人也？(《庄子·养生主》)

例(4)的“何”是询问事物，例(5)的“何”是询问时间，例(6)的“何”是询问处所，例(7)的“何”是询问人。

“何”还可以做状语，表示“为什么”或“怎么”的意思，多用在反问句中。例如：

(8) 齐国虽褊小，吾何爱一牛？（《孟子·梁惠王上》）

(9) 先生坐，何至于此？（《战国策·魏策四》）

(10) 来何疾也？（《战国策·齐策四》）

上例中，疑问代词“何”分别修饰、限定及物动词“爱”、不及物动词“至”、形容词“疾”。

“何”还可以做谓语，但只能在判断句中做谓语。例如：

(11) 寡人之囿方四十里，民犹以为大，何也？（《孟子·梁惠王下》）

(12) 吾所以有天下者何？（《史记·高祖本纪》）

“何”常与“如”字组成固定结构“何如”“如何”等，其在句子中也往往只能被当作一个句子成分来分析，意思相当于现代汉语中的“怎么样”“怎么”“怎么办”等。例如：

(13) 吾闻北方之畏昭奚恤也，果诚何如？（《战国策·楚策一》）

“果诚”是副词做状语，“何如”是形容词性的谓语。“何”是疑问代词，“如”是动词，但这已经构成一个固定结构，不能拆开。又如：

(14) 伤未及死，如何勿重？（《左传·僖公二十二年》）

“如何勿重”是一个谓语形式，其中“重”是形容词活用作动词，意思是“重伤”（即再一次的伤害），在句中做谓语动词，“勿”是否定副词做状语。“如何”是疑问副词性质的固定结构，在句中做状语，不能拆开。

以上两个例句的“何如”“如何”在句中都是表示一般询问意思的词语。再如：

(15) 以五十步笑百步，则何如？（《孟子·梁惠王上》）

(16) 与不谷同好，如何？（《左传·僖公四年》）

这两个例子中的“何如”“如何”都做谓语，意思都是“怎么样”，用来商量可否。“何如”“如何”都不能拆开进行分析，是一种固定结构，甚至可以被认为已经凝固成一个词。

古代汉语中疑问代词做宾语一般是放在动词或介词的前面，为什么在“如何”这一结构中疑问代词“何”却放在后面呢？较为普遍的看法是，这与一种句法结构有关，即“如”字后面本来还有别的宾语，而后再带疑问代词“何”。例如：

(17) 以君之力，曾不能损魁父之丘，如太行、王屋何？（《列子·汤问》）

“如太行、王屋何”的意思是“对太行、王屋两座山怎么办呢”。在这里“何”是疑问代词，做描写性的谓语；“如太行、王屋”是一个介宾结构，做谓语“何”的状语。再如：

(18) 使民敬、忠以劝，如之何？（《论语·为政》）

疑问代词“何”在这里也做描写性的谓语；“如+之”是一种介宾结构，做状语。可以推测，“如何”正是这种“如之何”的紧缩而凝固的形式。“何”原本不是宾语，只是因为原来的宾语“之”紧缩、省略掉了，才变得像宾语的形式，因此它不受疑问代词宾语前置这条规律的约束。也就是说，“如何”和“何如”的来源是不一致的，只是在发展过程中汇合在一起了。

同“如何”“如之何”相似的固定结构还有“奈何”“奈之何”“若何”“若之何”等。例如：

(19) 使归就戮于秦，以逞寡君之志，若何？（《左传·僖公三十三年》）

(20) 先生助之奈何？（《战国策·赵策三》）

(21) 骓不逝兮可奈何？虞兮虞兮奈若何！（《史记·项羽本纪》）

(22) 虽今先生之辩，将奈之何哉？（《庄子·盗跖》）

4. 胡、曷、奚

“胡”“曷”“奚”这三个疑问代词主要是询问原因的，用作状语，相当于现代汉语中的“为什么”“怎么”。例如：

(1) 不稼不穑，胡取禾三百廛兮？（《诗经·魏风·伐檀》）

(2) 曷足以美七尺之躯哉！（《荀子·劝学》）

(3) 夫子奚不时来入观乎？（《庄子·秋水》）

上例中的“胡”“曷”“奚”均做谓语动词的状语，询问原因，相当于“为什么”。

“胡”“曷”“奚”还可以用作介词的宾语。“胡”“曷”常与介词“为”连用，组成“胡为”“曷为”，是一种固定结构，仍然表示“为什么”。例如：

(4) 此秋声也，胡为而来哉？（欧阳修《秋声赋》）

(5) 曷为久居此围城之中而不去？（《史记·鲁仲连邹阳列传》）

“曷”还可以表示询问时间。例如：

（6）时日曷丧？予及汝皆亡。（《尚书·商书·汤誓》）

（7）君子于役，不知其期。曷至哉？（《诗经·王风·君子于役》）

“奚”常和介词“以”连用，组成固定结构“奚以”，表示“凭什么”。例如：

（8）奚以知其然也？（《庄子·逍遥游》）

“奚”除了可以询问原因外，还可以表示询问事物和处所。例如：

（9）“许子冠乎？”曰：“冠。”曰：“奚冠？”曰：“冠素。”（《孟子·滕文公上》）

（10）彼且奚适也？（《庄子·逍遥游》）

5. 安、恶、焉

“安”“恶”“焉”是古代汉语中专指处所的疑问代词，相当于现代汉语中的“哪里”，主要用于反问句中，一般用作状语。例如：

（1）梁王安得晏然而已乎？（《战国策·赵策三》）

（2）多患多怨，国虽强大，恶得不惧？（《吕氏春秋·慎大》）

（3）焉知其所终？焉知其所始？（《庄子·山木》）

“安”“恶”还可以做宾语。例如：

（4）沛公安在？（《史记·项羽本纪》）

（5）学恶乎始？恶乎终？（《荀子·劝学》）

四、无定代词

无定代词是指表示某个或每个或者表示任意一个，没有确定的指示对象的代词。它是古代汉语所特有的，现代汉语中没有同它相当的代词。

1. 或

“或”是肯定性的无定代词，通常用来指人，相当于现代汉语的“有人”“有的人”“某人”，只能用作主语。例如：

（1）或告之曰：“是非君子之道。”（《孟子·滕文公下》）

（2）今或闻无罪，二世杀之。（《史记·陈涉世家》）

若“或”前有先行词，则“或”指代其中一个或一些人。例如：

(3) 宋人或得玉，献诸子罕。子罕弗受。(《左传·襄公十五年》)

(4) 左右或欲引相如去。(《史记·廉颇蔺相如列传》)

例(3)中的“或”指代“宋人”中的一个人；例(4)中的“左右”指秦王的卫士，“或”指其中的一些人。

“或”还常常前后连用，构成排比，列举不同的情况，这时则既可指人又可指事物。例如：

(5) 或劳心，或劳力；劳心者治人，劳力者治于人。(《孟子·滕文公上》)

(6) 人固有一死，或重于泰山，或轻于鸿毛。(司马迁《报任安书》)

(7) 夫物之不齐，物之情也；或相倍蓰，或相什佰，或相千万。(《孟子·滕文公上》)

(8) 或谓之死，或谓之生；或谓之实，或谓之荣。(《庄子·天运》)

例(5)(6)中的“或”指人，相当于现代汉语中的短语“有的人”；例(7)(8)中的“或”指物，相当于现代汉语中的短语“有的”。

2. 莫

“莫”是与“或”相对的表示禁止性的否定性无定代词，相当于现代汉语中的“没有谁”或“没有什么东西/事物”。“莫”所否定的可以有范围，也可以没有范围。例如：

(1) 秦惠王车裂商君以徇，曰：“莫如商鞅反者！”(《史记·商君列传》)

(2) 虎负隅，莫之敢撄。(《孟子·尽心下》)

(3) 群臣莫对。(《战国策·楚策一》)

(4) 天下之水，莫大于海。(《庄子·秋水》)

例(1)(2)中，“莫”所否定的没有范围；例(3)(4)中，“莫”所否定的有范围，即“群臣”“天下之水”。

先秦汉语里，“莫”作为表禁止性的无定代词是显性义的。汉以后，“莫”才发展为表禁止性的否定副词，与现代汉语中的用法相同。

五、辅助性代词

“者”和“所”都有一定的指代作用，但是在句法结构中只起辅助性的语法作用，不能独立充当句子成分，必须与别的词语组成一个语法结构，即“者”字结构、“所”字结构，来代替人或事物。

1. 者

辅助性代词“者”有两种功用：

一是位于形容词、动词或谓词性词语后组成“者”字结构，使整个结构具有名词性，表示“……的人/东西”的意思。例如：

（1）仁者不忧，知者不惑，勇者不惧。（《论语·宪问》）

（2）登高而招，臂非加长也，而见者远；顺风而呼，声非加疾也，而闻者彰。（《荀子·劝学》）

（3）王莽征天下能为兵法者六十三家数百人。（《后汉书·光武帝纪》）

例（1）中的“者”位于形容词“仁”“知（智）”“勇”后，构成“者”字结构；例（2）中的“者”位于动词“见”“闻”后，构成“者”字结构；例（3）中的“者”位于“天下能为兵法”后，构成“者”字结构。这三个例子中，“者”字结构均做主语。

“者”的另一功用是放在数词或时间名词的后面，表示一定的范围或种类。例如：

（4）两者分别，则贤不肖不杂，是非不乱。（《荀子·王制》）

（5）孟子曰：“鱼，我所欲也；熊掌，亦我所欲也。二者不可得兼，舍鱼而取熊掌者也。”（《孟子·告子上》）

（6）曩者辱赐书，教以慎于接物，推贤进士为务。（司马迁《报任安书》）

（7）昔者孔子没，三年之外，门人治任将归，入揖于子贡，相向而哭，皆失声，然后归。（《孟子·滕文公上》）

上例中数词后的“者”，含有指代所提到的几方面的人或事物的作用。“曩者”“昔者”是划定了一个时间范围，即时间名词后面的“者”有指示时间范围的作用。

2. 所

辅助性代词“所”可位于动词或动词性词组前，与之构成“所”字结构，指代某种动作、行为的对象，表示“所……的人/东西”。例如：

(1) 所爱者，挠法活之；所憎者，曲法诛灭之。(《史记·酷吏列传》)

(2) 始臣之解牛之时，所见无非牛者。(《庄子·养生主》)

(3) 君子于其所不知，盖阙如也。(《论语·子路》)

(4) 其北陵，文王之所辟风雨也。(《左传·僖公三十二年》)

例(1)中的“所爱”指喜欢的人，“所憎”指厌恶的人；例(2)中的“所见”指看见的东西；例(3)中的“不知”是动词性的状中短语，“所不知”是指不知道的事情；例(4)中的“辟风雨”是动宾短语，加上“所”后表示避风雨的地方。

辅助性代词“所”若位于形容词、名词、数词前，则该形容词、名词、数词就具有了动词的性质，但构成的“所”字结构仍具有名词性。例如：

(5) 以吾所长，攻敌所短。(《清稗类钞·冯婉贞》)

(6) 夫吏之所税，耕者也。(《韩非子·显学》)

(7) 夫天下也者，万物之所一也。(《庄子·田子方》)

辅助性代词“所”还常与介词组合成“所”字结构，指代介词所介绍的对象，表示行为发生的处所、来源及行为赖以实现的工具、手段、方式、方法，以及与行为有关的人物。其主要有“所以”“所从”“所由”“所与”“所为”等，其中“所以”最为常见。例如：

(8) 乐者，所以变民风，化民俗也。(《汉书·董仲舒传》)

(9) 楚人有涉江者，其剑自舟中坠于水，遽契其舟曰：“是吾剑之所从坠。”(《吕氏春秋·察今》)

(10) 夫风雨霜露寒暑之变，此疾之所由生也。(苏轼《教战守策》)

(11) 其妻问所与饮食者，则尽富贵也。(《孟子·离娄下》)

(12) 所为见将军者，欲以助赵也。(《战国策·赵策三》)

上例中，“所以变民风”指改变民风的方式，“所从坠”指坠落的处所，“所由生”指疾病产生的来源，“所与饮食者”指与之一起饮食的人，“所为见将军者”指见将军的原因。由以上例句可知，“所”字单独和介词组合的数量较少，多数是“所+介词”后再和动词、谓词性短语、主谓短语等组合起来使用，其实质仍是“所+谓词性短语”。

在古代汉语中，“所以”除了可以表示“……的方式”（如例8）外，还可以表示“……的原因”。例如：

（13）儒以文乱法，侠以武犯禁，而人主兼礼之，此所以乱也。（《韩非子·五蠹》）

（14）三者皆人杰，吾能用之，此吾所以取天下者也。（《汉书·高帝纪》）

六、古今汉语代词的异同

由于语言的发展变化，古今汉语代词在体系和语法功能上有同也有异，下面从体系、词法和句法三个角度予以考察。

（一）古今汉语代词的相同点

古今汉语代词的相同点主要有两个。

1. 代词体系有共同之处。现代汉语代词包括人称代词、指示代词、疑问代词三大类，古代汉语中也有与现代汉语大致相当的人称代词、指示代词和疑问代词。

2. 代词的组合功能基本相同，这主要体现在三个方面。

一是一般都能同名词组合，构成定中式的偏正结构。例如，现代汉语中常见“你的书”“他的桌子”“这的美食”等。古代汉语中的例子则如：

（1）微斯人，吾谁与归？（范仲淹《岳阳楼记》）

（2）天将降大任于是人也，必先苦其心志。（《孟子·告子下》）

（3）我军虽烦扰，虏亦不得犯我。（《汉书·李广苏建传》）

（4）余弟宗玄。（柳宗元《小石潭记》）

二是一般都能和动词组合，构成动宾结构。例如，现代汉语中的“教育他”“认识你”“跟随我”“知道它”等。古代汉语中的例子则如：

(5) 是谓伐德。(《诗经·小雅·宾之初筵》)

(6) 由，诲女知之乎。(《论语·为政》)

(7) 如或知尔，则何以哉？(《论语·先进》)

(8) 从我者，其由与？(《论语·公冶长》)

三是一般都能同介词组合，构成介词结构。例如，现代汉语中的“对于你”“比你强”“跟你说”“从这开始”“被我捉住了”等。古代汉语中的例子则如：

(9) 不义而富且贵，于我如浮云。(《论语·述而》)

(10) 此地适与余近。(袁宏道《满井游记》)

(11) 予与尔言。(《论语·阳货》)

(12) 以吾一日长乎尔，毋吾以也。(《论语·先进》)

(13) 晋于是始墨。(《左传·僖公三十三年》)

(14) 公亦以此自矜。(欧阳修《卖油翁》)

(15) 多多益善，何为为我禽？(《史记·淮阴侯列传》)

例(9)至例(12)中介词“于”“与”“乎”后面加上人称代词“我”“余”“尔”，构成介词结构。例(13)至例(15)中介词“于”“以”后面加上指示代词“是”“此”以及疑问代词“何”，构成介词结构。

(二) 古今汉语代词同中有异的表现

1. 从词与词的组合功能看，古今汉语代词同中有异，这主要体现在两个方面。

第一，与动词组合成动宾结构时同中有异。一般情况下代词都可与动词组合成动宾结构，这是古今汉语共同的语法特点，但是在组合的词序上有同也有异。

在现代汉语中，代词与动词组合成动宾结构时，代词宾语总是置于动词之后，但在古代汉语中，代词宾语既可置于动词之后（前文多见这样的例子），也可置于动词之前。例如：

(1) 民献有十夫予翼。(《尚书·周书·大诰》)

(2) 赫赫师尹，民具尔瞻。(《诗经·小雅·节南山》)

(3) 尔贡包矛不入，王祭不共，无以缩酒，寡人是徵。昭王南征而不复，寡人是问！(《左传·僖公四年》)

例(1)中第一人称代词“予”置于动词“翼”之前。例(2)中第二人称代词“尔”置于动词“瞻”之前。例(3)中指示代词“是”置于动词“徵”“问”之前。这种代词做宾语置于动词之前的动宾形式，是远古汉语的句法特点在先秦汉语中的残留。

在先秦汉语中，代词与动词组合成动宾结构时，代词宾语置于动词前有两种情况。

一是疑问代词做动词的宾语时，必须置于动词之前。例如：

(4) 吾谁欺？欺天乎？(《论语·子罕》)

(5) 圣王有百，吾孰法焉？(《荀子·非相》)

(6) 君何患焉？(《左传·隐公元年》)

(7) 沛公安在？(《史记·项羽本纪》)

(8) 天下之父归之，其子焉往？(《孟子·离娄上》)

(9) 彼且奚适也！(《庄子·逍遥游》)

例(4)比较典型，同一个动词“欺”，当所支配的宾语是疑问代词“谁”时，置于前；当所支配的宾语是名词“天”时，置于后。例(5)中疑问代词“孰”做宾语，置于谓语动词“法(效法)”之前。例(6)中疑问代词“何”做宾语，置于谓语动词“患”之前。例(7)(8)(9)中表示处所的疑问代词“安”“焉”“奚”做宾语，置于谓语动词“在”“往”“适”之前。

二是在含有“不”“毋”“未”“莫”四个否定副词的否定句中，人称代词或指示代词与动词组合成动宾结构时，代词宾语一般置于动词之前。例如：

(10) 居则曰：“不吾知也。”(《论语·先进》)

(11) 子不我思，岂无他人？(《诗经·郑风·褰裳》)

(12) 虽速我讼，亦不女从。(《诗经·召南·行露》)

(13) 我无尔诈，尔无我虞。(《左传·宣公十五年》)

(14) 大道之行也，与三代之英，丘未之逮也。(《礼记·礼运》)

(15) 莫我知也夫！(《论语·宪问》)

例(10)(11)(12)中含有否定副词“不”，人称代词“吾”“我”

“女”做宾语，置于谓语动词“知”“思”“从”之前。例（13）中的“无”通否定副词“毋”，人称代词“尔”做宾语，置于谓语动词“诈”“虞”之前。例（14）中含有否定副词“未”，指示代词“之”做宾语，置于谓语动词“逮”之前。例（15）中的否定性无定代词“莫”做句子的主语，人称代词“我”做宾语，置于谓语动词“知”的前面。

第二，与介词组合成介词结构时同中有异。在现代汉语中，代词与介词组合成介词结构时，总是置于介词之后。但在古代汉语中，如果是人称代词或指示代词与介词组合成介词结构的话，一般置于介词之后；如果是疑问代词与介词组合成介词结构，则须置于介词之前。例如：

（1）子归，何以报我？（《左传·成公三年》）

（2）卒然边境有急，数千百万之众，国胡以馈之？（贾谊《论积贮疏》）

（3）曷为久居此围城之中而不去也？（《战国策·赵策三》）

（4）许子奚为不自织？（《孟子·滕文公上》）

（5）噫！微斯人，吾谁与归？（范仲淹《岳阳楼记》）

上例均是疑问句，其中疑问代词“何”“胡”“曷”“奚”“谁”因分别做介词“以”“为”“与”的宾语而前置。

2. 古今汉语指示代词同中有异。古今汉语指示代词的相同之处主要体现在分类上。在现代汉语中，指示代词分为近指和远指两类，其中近指有“这”“此”“这里”等，远指有“那”“那里”等。古代汉语指示代词与现代汉语大致相当，也分为近指和远指两类，其中近指有“此”“是”“斯”“兹”等，远指有“彼”“夫”等。

古今汉语指示代词的差异主要体现在所指代对象的具体分工上。在现代汉语中，指示代词有具体的指代对象或明确的分工，如指人或事物用“这”“此”“那”，指处所用“这里”“那里”，指性状、方式或程度用“这么”“这样”“那么”“那么样”等。但在古代汉语中，指示代词没有具体的指代对象或明确的分工，如“此”“是”“斯”“兹”“彼”“之”“其”等既可指人或事物，也可指性状或方式。例如：

（1）孟尝君怪之，曰：“此谁也？”（《战国策·齐策四》）

（2）东国有鲁连先生，其人在此。（《战国策·赵策三》）

（3）王如知此，则无望民之多于邻国也。（《孟子·梁惠王上》）

（4）微夫人之力，不及此。（《左传·僖公三十年》）

例（1）中的“此”指人，相当于“这个人”。例（2）中的“此”指处所，相当于“这里”。例（3）中的“此”指性质，相当于“这样的道理”。例（4）中的“此”指程度，相当于“现在的地位”。

值得注意的是，对于古代汉语指示代词“之”，根据句中所要表达的意思，有人理解为近指，有人则理解为远指。例如：

（5）冉有曰：“夫子欲之，吾二臣者皆不欲也。”（《论语·季氏》）

（6）之二虫又何知？（《庄子·逍遥游》）

例（5）（6）中的“之”既可理解为“这”“这样”，也可理解为“那”“那样”；理解为“这”是看作近指，理解为“那”则是看作远指。

实际上，古代汉语指示代词“之”多为泛指，而泛指的“之”既不能译作“这”“这样”，也不能译作“那”“那样”。例如：

（7）之子于归，宜其室家。（《诗经·周南·桃夭》）

（8）之子于归，远送于野。（《诗经·邶风·燕燕》）

例（7）（8）中的“之”都不能简单地理解成“这个”或“那个”，而是泛指女子。

3. 古今汉语疑问代词同中有异。古今汉语疑问代词都可根据所指代的询问对象分为指人、指物、指处所及用于询问原因四类，但在指代对象的具体分工上，存在细微的差别。在现代汉语中，各类疑问代词基本上是各司其职，很少有兼用的现象。但在古代汉语中，疑问代词并非专用，常有兼用的现象。

疑问代词“孰”既可指人，也可指物。例如：

（1）赤也为之小，孰能为之大？（《论语·先进》）

（2）礼与食孰重？（《孟子·告子下》）

同一个“孰”字，例（1）中指人，例（2）中则指物。

疑问代词“何”常用于表达泛泛的询问之意，指人、指物、指处所及用于询问原因均可。例如：

（3）是何人也？（《庄子·养生主》）

（4）孟尝君曰：“客何好？”（《战国策·齐策四》）

（5）轸不之楚何归乎？（《史记·张仪列传》）

（6）齐国虽褊小，吾何爱一牛？（《孟子·梁惠王上》）

(7) 王笑曰："是诚何心哉?"(《孟子·梁惠王上》)

疑问代词"安""焉"主要指方式，也可用于询问原因。例如：

(8) 君安与项伯有故?(《史记·项羽本纪》)

(9) 姜氏欲之，焉辟害?(《左传·隐公元年》)

例(8)中的"安"用于询问原因，例(9)中的"焉"指方式。

4. 从句法功能上考察，古今汉语人称代词、指示代词既有相同之处，也存在细微的差别。

第一，人称代词充当句子成分时同中有异。古今汉语人称代词一般都能充当句子的主语、宾语和定语，但也存在着极细微的差别。

一是第一人称代词充当句子成分时同中有异。在现代汉语中，第一人称代词"我"在句子中可以自由地充当主语、宾语和定语。在古代汉语中，第一人称代词"我""余""予"和现代汉语中的"我"句法功能基本相同，但是同为第一人称代词的"吾"则与现代汉语中的"我"在句法功能上存在细微的差别。

在先秦汉语中，"吾"做宾语是有条件的，一般只在否定句中做宾语，而且必须置于动词之前。例如：

(1) 居则曰："不吾知也。"(《论语·先进》)

(2) 以吾一日长乎尔，毋吾以也。(《论语·先进》)

二是第二人称代词充当句子成分时同中有异。在古代汉语中，第二人称代词"汝""尔""若"在句中都可充当主语、宾语和定语，与现代汉语中的"你"用法基本相同，但是"乃""而"与现代汉语中的"你"却有细微的差别。"乃""而"在句子中一般只做定语，偶尔做主语，但都不能做宾语。例如：

(3) 汝知而心与左右手背乎?(《史记·孙子吴起列传》)

(4) 必欲烹而翁，则幸分我一杯羹。(《史记·项羽本纪》)

(5) 夫差！而忘越王之杀而父乎?(《左传·定公十四年》)

(6) 必欲烹乃翁，幸分我一杯羹。(《汉书·陈胜项籍传》)

(7) 天何预乃事邪?(刘禹锡《天论上》)

(8) 今欲发之，乃肯从我乎?(《汉书·翟方进传》)

在例(3)(4)(5)中，只有例(5)的第一个"而"做主语，其他

“而”均做定语。在例（6）（7）（8）中，只有例（8）的“乃”做主语，其他“乃”均做定语。

三是第三人称代词充当句子成分时同中有异。在现代汉语中，第三人称代词都可以自由地充当句子的主语、宾语和定语，但在古代汉语中，第三人称代词是由指示代词“之”“其”兼任的，因此在充当句子成分时与现代汉语有较大的差别。

在古代汉语中，“之”只能做宾语，“其”只能做定语，都不能做主语。凡是遇到像现代汉语那样需要第三人称代词做主语的时候，古代汉语往往采取两种特殊形式来表达：一是省略主语，二是用前面出现过的名词做主语。例如：

（9）孔子下，欲与之言。趋而辟之，不得与之言。（《论语·微子》）

（10）请京，使居之，谓之京城大叔。（《左传·隐公元年》）

在例（9）中，“趋而辟之”主语承前省略，即“欲与之言”的“之”；“不得与之言”主语承前省略，即“孔子”。在例（10）中，“请京”的主语承前省略，即“姜氏”；“使居之”的主语承前省略，即“郑庄公”；“谓之京城大叔”省略了主语“京地的百姓”。

第二，指示代词充当句子成分时同中有异。古代汉语中表示近指的“此”“是”“斯”“兹”和表示远指的“彼”分别与现代汉语中表示近指的“这”和表示远指的“那”用法相同，都可充当句子的主语、宾语和定语，但是古代汉语中表示远指的“那”只能做定语，不能做主语和宾语。例如：

（1）彼亦一是非，此亦一是非。（《庄子·齐物论》）

（2）知之为知之，不知为不知，是知也。（《论语·为政》）

（3）惟知心之难得，斯百一而为收。（韩愈《别知赋》）

（4）兹事体大而允，寤寐次于圣心。（班固《典引》）

（5）陈康肃公尧咨善射，当世无双，公亦以此自矜。（欧阳修《卖油翁》）

（6）在彼无恶，在此无斁。（《诗经·周颂·振鹭》）

（7）子子孙孙其万年永是宝用。（《晋侯僰马方壶铭》）

（8）陟降厥士，日监在兹。（《诗经·周颂·敬之》）

（9）语曰“唇亡则齿寒”，其斯之谓欤！（《穀梁传·僖公二年》）

(10) 人有悲欢离合，月有阴晴圆缺，此事古难全。(苏轼《水调歌头·明月几时有》)

(11) 天将降大任于是人也，必先苦其心志。(《孟子·告子下》)

(12) 哀斯墓之徒有其石也，而为之记。(张溥《五人墓碑记》)

(13) 念兹戎功，继序其皇之。(《诗经·周颂·烈文》)

(14) 我欲易之，彼四人辅之，羽翼已成。(《史记·留侯世家》)

例（1）至例（4）中，“彼”“此”“是”“斯”“兹”做主语。例（5）至例（9）中，“此”“彼”“是”“兹”“斯”做宾语。例（10）至例（14）中，“此”“是”“斯”“兹”“彼”做定语。

（三）古今汉语代词的不同点

古今汉语代词的不同点主要体现在四个方面。

1. 代词体系存在总体性差异。就体系而言，古代汉语代词中有两类代词是现代汉语代词中所没有的，一是无定代词，二是辅助性代词。这是从郭锡良、李玲璞《古代汉语》(语文出版社 1992 年版）之说。换言之，现代汉语中没有与这两类代词对应的词，一般与之对应的是词组或固定结构。

在古代汉语中，较有代表性的无定代词是“莫”和“或”。例如：

(1) 莫我知也夫！(《论语·宪问》)

(2) 吾有老父，身死莫之养也。(《韩非子·五蠹》)

(3) 虽使五尺之童适市，莫之或欺。(《孟子·滕文公上》)

(4) 天下之水，莫大于海。(《庄子·秋水》)

(5) 群臣莫对。(《战国策·楚策一》)

(6) 国人莫敢言，道路以目。(《国语·周语上》)

(7) 或问子产。子曰：“惠人也。”(《论语·宪问》)

(8) 今或闻无罪，二世杀之。(《史记·陈涉世家》)

(9) 宋人或得玉。(《左传·襄公十五年》)

(10) 左右或欲引相如去。(《史记·廉颇蔺相如列传》)

(11) 填然鼓之，兵刃既接，弃甲曳兵而走。或百步而后止，或五十步而后止。(《孟子·梁惠王上》)

（12）人固有一死，或重于泰山，或轻于鸿毛。（司马迁《报任安书》）

（13）夫物之不齐，物之情也。或相倍蓰，或相什伯，或相千万。（《孟子·滕文公上》）

“莫”是表示否定性的无定代词，意思是“没有谁”“没有什么”等。上例中，除了例（4）中的“莫”表示“没有什么”，是指“水”以外，其他的均指代“人”，相当于现代汉语中的“没有谁”或“没有人”。需要注意的是，“莫”否定的对象可以有范围，也可以没有范围。例（1）（2）（3）中“莫”字前面没有出现具体的指代对象，“莫”表示的是不确定的人，这属于广泛的指代；例（4）（5）（6）中“莫”字前面出现了其所要代替的名词或词组，这属于给“莫”限定了指代的范围。

“或”是表示肯定性的无定代词，意思是“有的人”“某人”“有的（东西）”等。“或”在句中可单用也可连用，单用时一般指人；连用时构成“或……或……”格式，既可以指人，也可以指物。例（7）（8）中“或”的意思是“有的人”，指代不确定的人；例（9）（10）中“或”前面出现了其所要代替的名词“宋人”“左右”，给“或”限定了所要指代的人的范围。值得强调的是，“或”连用时易与现代汉语中的关联词语“或者……或者……”混淆，要注意加以区分。比如，例（11）（12）中的“或”均指“有的人……有的人”，例（13）中的“或”则指“有的货物……有的货物……”。

在古代汉语中，较为典型的辅助性代词是“者”和“所”。两者经常与别的词结合，组成“者”字结构、“所”字结构，起到代替人或事物的作用，如“智者”即指“聪明的人”，“所见”即指“看到的东西”等。但是，它们与一般的代词有所不同，不能单独充当句子成分，在句中只起辅助性的语法作用。例如：

（14）子路曰：“愿闻子之志。”子曰：“老者安之，朋友信之，少者怀之。”（《论语·公冶长》）

（15）故知者作法，而愚者制焉。（《商君书·更法》）

（16）登高而招，臂非加长也，而见者远；顺风而呼，声非加疾也，而闻者彰。（《荀子·劝学》）

（17）卜者知其指意。（《史记·陈涉世家》）

（18）两者分别，则贤不肖不杂，是非不乱。（《荀子·王制》）

（19）鱼，我所欲也；熊掌，亦我所欲也。二者不可得兼，舍鱼而取熊掌者也。（《孟子·告子上》）

（20）至于百岁，临且死时，所见诸物，与年十岁时所见，无以异也。(王充《论衡·齐世》）

（21）召而见之，则所梦也。（《左传·昭公四年》）

（22）吾尝终日而思，不如须臾之所学也。（《荀子·劝学》）

（23）其北陵，文王之所避风雨也。（《左传·僖公三十二年》）

“者”一般同形容词、动词或数词组合成“者”字结构，表示“……的人（东西）”的意思。例（14）（15）中形容词“老”“少”“知”“愚”加上“者”，构成名词性短语，表示具有该形容词所表示的性质的人，其中“老者”指“年长的人”；“少者”指“年龄小的人”；“知者”即“智者”，指“有智慧的人”；“愚者”指“愚蠢的人”。例（16）（17）中动词“见”“闻”“卜”加上“者”，构成名词性短语，表示具有或擅长该种行为的人，其中“见者”指“视力好的人”，“闻者”指“听力好的人”，“卜者”指“占卜的人”。例（18）（19）中数词“两”“二”加上“者”，构成名词性短语，其中“两者”指“前面提到的两种情况”，“二者”指“前面提到的鱼和熊掌”。

“所”一般同动词或动词性词组组合成“所”字结构，用于指代某种动作行为的对象。例（20）（21）（22）中辅助性代词“所”加上动词“见”“梦”“学”，表示该动作行为关涉的事物或对象，其中“所见”即“看到的各种东西”，“所梦”即“梦见的那个人”，“所学”即“学到的知识”。例（23）中“所”加上动宾短语“避风雨”，表示“躲避风雨的地方”。

此外，“所”还可同介词组合，这时“所”表示该介词后面的动作行为关涉的对象。例如：

（24）彼兵者，所以禁暴除害也。（《荀子·议兵》）

（25）其妻问所与饮食者，则尽富贵也。（《孟子·离娄下》）

（26）是吾剑之所从坠。（《吕氏春秋·察今》）

（27）所为见将军者，欲以助赵也。（《战国策·赵策三》）

例（24）中介词“所”表示“以”凭借的工具，“所以”即“用来……工具”。例（25）中“所”指代前文提到的丈夫，“所与”即“与他”。例（26）中“所”表示船上掉剑之处，“所从”即“从……地方”。例（27）中

“所”表示目的，“所为”即“为什么”。

2. 第三人称代词存在差异。在现代汉语中，第三人称代词有“他（她、它）”“他们（她们、它们）”，句法功能完备，可做主语、宾语、定语。在上古汉语中，第三人称代词尚不够完备，严格来说，还没有真正的第三人称代词，相应的职能一般由指示代词“之”和“其”兼任。“之”“其”兼任第三人称代词时，一般情况下，“之”只能做宾语，“其”只能做定语，都不能做主语（用例参见前文）。

值得强调的是，指示代词“之”“其”还可兼任第一人称和第二人称代词。例如：

（1）将谏，士季曰：“谏而不入，则莫之继也。会请先，不入，则子继之。”（《左传·宣公二年》）

（2）瑜曰：“有军任，不可得委署；傥能屈威，诚副其所望。”（《资治通鉴·汉纪》）

（3）天子发政于天下之百姓，言曰：“闻善而不善，皆以告其上。”（《墨子·尚同》）

例（1）“莫之继”中的“之”指代与士季对话的赵盾，这是对话体，“之”字明显是表示第二人称；“会请先”中的“会”是士季自称，“则子继之”中的“子”指赵盾，“之”则指代士季自己，显然是表示第一人称。例（2）中的“其”指代周瑜自己，这是周瑜所说的话，“其”相当于第一人称代词“我”。例（3）是向百姓发话，“上”的意思是“地位在上的人”，“其上”就是“你们主事的人”，这里的“其”指代百姓，相当于第二人称代词“你们”。

3. 第一人称和第二人称代词的单复数存在差异。在现代汉语中，第一人称和第二人称代词都有单复数的书写形式区别，第一人称单数用“我”，复数用“我们”；第二人称单数用“你”，复数用“你们”。但在先秦汉语中，第一和第二人称代词都没有单复数的书写形式区别，不管是单数还是复数，都用同一书写形式表示。例如：

（1）虽我之死，有子存焉。（《列子·汤问》）

（2）十年春，齐师伐我。（《左传·庄公十年》）

（3）子曰：“赐也！尔爱其羊，我爱其礼。”（《论语·八佾》）

(4) 居则曰："不吾知也！"如或知尔，则何以哉？(《论语·先进》)

同一个"我"，例(1)中表示单数，指"愚公"；例(2)中表示复数，指鲁国。同一个"尔"，例(3)中表示单数，指子贡；例(4)中表示复数，指子路、曾皙、冉有、公西华四人。

战国以后，为了把第一人称和第二人称代词的单复数加以区别，古人在第一人称和第二人称代词的后面分别加上"侪""属""曹"等，意思是"辈""类"，用以表示复数。例如：

(5) 然大国之忧也，吾侪何知焉？(《左传·昭公二十四年》)

(6) 雍齿尚为侯，我属无患矣。(《史记·留侯世家》)

(7) 不者，若属皆且为所虏。(《史记·项羽本纪》)

(8) 欲使汝曹不忘之耳。(马援《诫兄子严敦书》)

例(5)中第一人称代词"吾"的后面加上"侪"，表示"我们这类人"。例(6)中"我"的后面加上"属"，表示"我们这辈人"。例(7)中第二人称代词"若"的后面加上"属"，表示"你们这些人"。例(8)中第二人称代词"汝"的后面加上"曹"，表示"你们这些人"。但需指出的是，"侪""属""曹"等与现代汉语中的"们"语法性质有所不同，"们"属于构词的成分，不是一个词，而"侪""属""曹"是一个词，不属于构词的成分。

4. 第一人称和第二人称代词的书写形式存在差异。在现代汉语中，第一人称和第二人称代词的书写形式比较单一，在此无须赘述，但在古代汉语中却有诸多不同写法的第一人称和第二人称代词，如第一人称有"我""吾""余""予""朕""卬""台"等，第二人称有"女""汝""尔""若""乃""而""戎"等。

上古时，汉语第一人称和第二人称代词各有其十分密切的语音联系。按照语音，第一人称代词可分为三类。"我""吾""卬"为一类：首先是声母相同，即同属疑母；其次是韵部相近，其中"我"属歌部，"吾"属鱼部，"卬"属阳部。"余""予""台"为一类："予"和"余"同音，"予"和"台"只是开合口的区别。比如，西周毛公鼎金文中的"余小子"，《尚书》作"予小子"，也作"台小子"。可见，"余""予""台"三种书写形式只是由于古人书写习惯不同所致。此外，"朕"自成一类。

第一人称代词发展到春秋战国时期开始出现集合的现象，在"我""吾"

“卬”这一类中，“卬”被“我”“吾”所取代；在“余”“予”“台”这一类中，“台”被“余”“予”所取代。秦始皇统一六国后，自称“朕”。“朕”由此成为帝王专用的自称之词。所以自秦以后，第一人称代词就剩下“我”“吾”“余”“予”四个。六朝时期，随着江南地区成为政治、经济、文化中心，属于吴方言的第一人称代词“侬”也进入了书面语，如在乐府诗《子夜歌》中“侬”就得到了普遍的运用。至宋代，又出现了一个新的第一人称代词“俺”。

上古时，汉语第二人称代词“女”“汝”“尔”“若”“乃”“而”“戎”声音相通，即同属泥母，其中“女”“汝”“若”是鱼铎对转，“乃”“而”“戎”是旁对转。战国以后，“戎”为“而”“乃”所取代，“女”为“汝”所取代。所以，第二人称代词就剩下“汝”“尔”“若”“乃”“而”五个。大约是在中唐时期，“你”又取代了“尔”。宋元时期，又出现了一个新的第二人称代词“您”，可用于表示“你”或“你们”。在现代汉语中，“您”已成为“你”的敬称。

除此以外，在古代汉语中，表示谦称和敬称的词也常被用作第一人称和第二人称。一般情况下，谦称用作第一人称，相当于“我”；敬称用作第二人称，相当于“您”。需要注意的是，表示谦称、敬称的词一般不是代词，以名词、形容词居多。例如：

（1）臣本布衣，躬耕于南阳。（《三国志·蜀书·诸葛亮传》）

（2）仆虽不敏，亦尝倾耳下风。（桓宽《盐铁论·刺议》）

（3）愚以为宫中之事，事无大小，悉以咨之，然后施行。（《三国志·蜀书·诸葛亮传》）

（4）老妇恃辇而行。（《战国策·赵策四》）

（5）以君之力，曾不能损魁父之丘。（《列子·汤问》）

（6）有晋国者，非子而谁？（《国语·晋语四》）

例（1）中的“臣”是谦称，相当于第一人称代词“我”。“臣”的本义是“男性奴隶”，为象形字，甲骨文写作“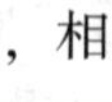”（甲 2851 合 20355），像一只竖立的眼睛。因为人在低头时，眼睛即处于竖立的位置，字形正好表示了俯首屈从之意，后引申为君主的官吏，是名词。例（2）中的“仆”亦是谦

称，相当于“我”。“仆”的繁体字写作“僕”，从人，从菐，菐亦声，本义为“供役使的人”，甲骨文写作“”（后 2. 20. 10 合 17961 宾组）。字形显示人的头上是一个“辛”字，表示受刑罚之人，手里端着畚箕在劳作，是名词。例（3）中的“愚”属谦称，相当于“我”，是会意兼形声字，从心，从禺。从心，表明与性情有关。禺兼表声，在古代传说中是一种有点蠢笨的猴。“愚”的本义为愚蠢、愚昧，是形容词。例（4）中的“老妇”是谦称，相当于“我”。古人认为妇人见识浅陋，因此“妇”前再加上“老”字，更有了思维慢、动作笨的含义，属于自谦之辞，是名词。例（5）（6）中的“君”“子”都是敬称，是名词，相当于第二人称代词“您”。

第七章　副词

副词是指用来修饰动词、形容词以表示程度、范围、时间、情态、方式、否定等意义的词。

副词经常用在动词、形容词前做状语，也可用在做判断句谓语的名词、代词或名词性短语前做状语。根据其在句中发挥的作用，可分为表示时间、范围、程度、情态、否定、谦敬等的副词。副词的数量较多，大部分从古今对译的角度基本上可以理解。副词具有一定的词汇意义，能独立用作句中的次要成分。副词的基本作用是修饰动词和形容词，在句子中经常充当状语，这是古今一致的，但是古代汉语中也有部分副词还能修饰名词性谓语，这是其不同于现代汉语的地方。例如：

（1）今京不度，非制也。（《左传·隐公元年》）

（2）是乃仁术也。（《孟子·梁惠王上》）

（3）是皆秦之罪也。（《战国策·秦策一》）

（4）夺项王天下者，必沛公也。（《史记·项羽本纪》）

（5）膑亦孙武之后世子孙也。（《史记·孙子吴起列传》）

在以上例句中，“非”“乃”“皆”“必”“亦”都是副词，在句子中都修饰其后面的名词性谓语。在现代汉语中，可以说副词一般是不修饰名词的，但在古代汉语中，却不能笼统地这么说。当然，在古代汉语中，并不是所有的副词都能修饰名词性谓语，还须具体分析。

一、范围副词

范围副词是表示动作、行为或性状的范围，只能充当谓语修饰成分的词。常见的范围副词有两类。

（一）表示整个范围

表示整个范围的副词包括“尽”“悉”“皆”“偕”“咸”“举”“俱”等。在杨树达先生的《词诠》中，“皆”和“偕”都训作“俱也”，“俱”训作“偕也，同也”，“举”和“咸”训作“皆也”，“悉”训作“亦尽也”，“尽”训作“悉也”。“皆”“偕”“俱”“举”“悉”“咸”“尽”这七个副词，又“同训”“互训”“递训”，联系起来，意思就都相近了。那么，这些副词是否在语法意义、语法作用上都相同呢？

下面具体分析一下这七个副词。

1. 皆

“皆”一般只用作范围副词，可以译作现代汉语中的“都”或“全”，总括所提到的人、物、事的全部。其总括的可以是行为、动作的主语，也可以是宾语。例如：

（1）小人有母，皆尝小人之食矣。（《左传·隐公元年》）

（2）百堵皆兴。（《诗经·大雅·绵》）

例（1）的“皆”总括的是宾语“小人之食”。这是说颍考叔的母亲吃的都是颍考叔自己家里的食物，没有吃过郑庄公的食物。例（2）的“皆”总括的是主语“百堵”。

2. 偕

“偕”本是动词，是“跟……在一起”的意思；虚化为副词以后，仍然表示主语中两个以上的人或事物共同进行某一动作。例如：

（1）能如是乎？与女偕隐。（《左传·僖公二十四年》）

（2）宜言饮酒，与子偕老。（《诗经·郑风·女曰鸡鸣》）

例（1）是介之推的母亲对介之推说的话，意思是：“你能够这样吗？我跟你一起去隐居。”例（2）是说：“做好可口的菜来喝酒，和你一同生活到老。”这是妻子对丈夫说的话，表示希望能一同生活到老。“老”字在这里带有动词性。两个例句中的“偕”都表示动作的主体之人伴随另一个人共同进行这一动作。

3. 俱

副词“俱”也是由动词虚化而来的，其动词义是“同在一起”的意思；虚化为副词后，仍然表示不同的主体做出同样的动作或具备相同的特征，也表示不能用数量限制的物体的同时动作或相同特征。例如：

（1）孙膑尝与庞涓俱学兵法。（《史记·孙子吴起列传》）

（2）野径云俱黑，江船火独明。（杜甫《春夜喜雨》）

例（1）表明孙膑和庞涓同样施行了“学兵法”这一动作。例（2）表明不能用数量限制的物体“云”具有“黑”这一相同的特征。

“偕”与“俱”虽然意思很相近，但“偕”强调的是一个伴随另一个，含有偏正之分，一个为主，一个随同；“俱”是强调“同样”，没有偏正之分。

4. 举

“举”也是由动词虚化为副词的，虚化为副词后，用在谓语动词之前，表示在某些范围内这一动作没有例外。“举”既可用于总括施行动作的主体，又可用于动作所涉及的客体。例如：

（1）君举不信群臣乎？（《左传·哀公六年》）

（2）王如用予，则岂徒齐民安，天下之民举安。（《孟子·公孙丑下》）

例（1）的主语“君”只有一个人，用不着总括，总括的是“不信”这一动作所涉及的对象“群臣”。例（2）是总括施行动作的主体“天下之民”。

5. 悉

副词“悉”由动词虚化而来。动词“悉”的意思是“对事物一件件详细地考察、了解”，成语“洞悉一切”用的就是“悉”的本义。“悉”虚化为副词后，表示动作的主体或客体“一个个全都”的意思。例如：

（1）以敝邑褊小，介于大国，诛求无时，是以不敢宁居，悉索敝赋，以来会时事。（《左传·襄公三十一年》）

(2) 此悉贞亮死节之臣也。(诸葛亮《出师表》)

例(1)中,"悉索敝赋"的主语是"敝邑",承前省略;"悉"总括的范围是谓语动词"索"的宾语"敝赋"。例(2)是诸葛亮总括他前文提到的许多人,认为他们一个个都是坚贞、正直,能以死殉节的忠臣;副词"悉"在判断句中修饰名词性谓语"贞亮死节之臣"。

6. 咸

副词"咸"也是由动词虚化来的。动词"咸"的意思是"普遍"。例如:

(1) 今将惠以小赐,祀以独恭。小赐不咸,独恭不优。(《国语·鲁语上》)

这是齐鲁长勺之战以前曹刿对鲁庄公说的话。在《左传·庄公十年》中,"小赐不咸"写作"小惠未遍",可见"咸"就是"遍"的意思。

"咸"虚化为副词后,也表示动作、行为的普遍性。例如:

(2) 外内咸服。(《左传·襄公四年》)

(3) 咸不解此意。(《世说新语·政事》)

"外内咸服"是说"里里外外的人普遍佩服";"咸不解此意",是说"人们普遍不了解陶侃收取锯木屑的用意"。

7. 尽

副词"尽"也是由动词虚化来的。作为动词,"尽"有"穷尽"的意思,东西一点都不剩叫"尽"。例如:

(1) 一屠晚归,担中肉尽。(《聊斋志异·狼三则》)

"尽"虚化为副词后,可以表示范围,也可以表示程度。表示范围,是强调所涉及的人或事物一个不剩,全都具有某种结局或状态;表示程度是指达到了最高限度,如成语"尽善尽美"是"好极了""美极了"的意思。例如:

(2) 盗众尽死。(《左传·襄公十年》)

(3) 珍宝尽有之。(《史记·项羽本纪》)

"盗众尽死"是说"叛乱分子一个不剩,全被杀死","珍宝尽有之"是说"咸阳的珍宝一点不剩,都归了刘邦"。在这里,"尽"都强调"一点不剩""光光的"。

以上七个副词虽然都是表示范围的全体,大多可以译作现代汉语中的"都"或"全",但着眼点和强调的方面却不完全相同。七个副词之间有细微的差别，有的完全不能互换，有的虽然可以互换，但互换以后着眼点和强调的方面就不同了。因此，阅读古书时需要认真分辨。

（二）表示被限定的范围

表示被限定的范围的副词有“但”“仅”“徒”“特”等。

1. 但

现代汉语中的“但”是连词，主要表示转折的意思；古代汉语中的“但”则主要是表示范围的副词，和现代汉语中的“只”意思相当。例如：

（1）匈奴匿其壮士肥牛马，但见老弱及羸畜。（《史记·刘敬叔孙通列传》）

（2）不闻爷娘唤女声，但闻黄河流水鸣溅溅。（《乐府诗集·木兰诗》）

（3）死去元知万事空，但悲不见九州同。（陆游《示儿》）

这三个例句中的“但”都用作范围副词，意思是“只”“仅”，做谓语动词的状语。而“但”用作转折连词，是东汉以后才有的。

2. 仅

“仅”在先秦、两汉用作范围副词，都表示数量少，这是古今一致的。“仅”可译为“只”“才”“刚够”。例如：

（1）齐王遁而走莒，仅以身免。（《史记·乐毅列传》）

（2）一旦临小利害，仅如毛发比，反眼若不相识。（韩愈《柳子厚墓志铭》）

这两个例句中的“仅”都是表明范围小、数量少的范围副词。但是在唐代的诗文中，“仅”常用来表示范围大、数量多，读音为“jìn”。例如：

（3）自足下谪江陵至于今，凡枉赠答诗仅百篇。（白居易《与元九书》）

（4）夹涧有古松老杉，大仅十人围，高不知几百尺。（白居易《庐山草堂记》）

（5）江国逾千里，山城仅百层。（杜甫《泊岳阳城下》）

3. 徒

“徒”表示仅限于一定的范围或某种情况，相当于“独”或“只”。例如：

(1) 吾岂将徒杀之，吾将以公子重耳代之。(《国语·晋语三》)

(2) 救火者尽赏之，则国不足以赏于人，请徒行罚。(《韩非子·内储说上》)

4. 特

“特”表示范围单一，相当于现代汉语中的“只”。例如：

(1) 今楚国虽小，绝长续短，犹以数千里，岂特百里哉？(《战国策·楚策四》)

(2) 此特群盗鼠窃狗盗耳。(《史记·刘敬叔孙通列传》)

二、程度副词

程度副词是表示行为、性质的程度的副词。古代汉语中的程度副词有不少，根据其表示程度的高低可分为三类。

(一) 表示程度高

1. 表示程度高的副词一般古今变化不大，如“最”“太”“甚”“极”“至”等。例如：

(1) 叔孙得臣，最善射者也。(《穀梁传·文公十一年》)

(2) 臣愚，以为陛下法太明，赏太轻，罚太重。(《史记·张释之冯唐列传》)

(3) 意气扬扬，甚自得也。(《史记·管晏列传》)

(4) 告子之以决水喻者，徒谓中人，不指极善极恶也。(《论衡·本性》)

(5) 商君治秦，法令至行。(《战国策·秦策一》)

2. 还有一些表示程度高的副词，在现代汉语中较为少见。

“良”用作副词，表示程度高，可译为“很”“甚”。例如：

(1) 于是景帝默然良久，曰：“公言善，吾亦恨之。”(《史记·袁盎晁错列传》)

（2）绝巘多生怪柏，悬泉瀑布，飞漱其间，清荣峻茂，良多趣味。（《水经注·江水》）

“痛”是由动词虚化为副词的。例如：

（3）奸臣：痛言人情以惊主。（《管子·七臣七主》）

（4）先帝在时，每与臣论此事，未尝不叹息痛恨于桓灵也。（诸葛亮《出师表》）

“颇”在古代汉语里用作副词，有两种情况：

一是表示程度高，相当于现代汉语中的“很”。例如：

（5）颇似楚汉时，翻覆无定止。（李白《猛虎行》）

（6）绛侯得释，盎颇有力。（《史记·袁盎晁错列传》）

二是表示程度低。例如：

（7）涉浅水者见虾，其颇深者察鱼鳖，其尤甚者观蛟龙。（《论衡·别通》）

（8）臣愿颇采古礼，与秦仪杂就之。（《史记·刘敬叔孙通列传》）

（二）表示程度低

1. 少

“少”这个词古今都用，但意义有区别。“少”在古代汉语里常用作程度副词，是“稍微”“略微”的意思。例如：

（1）辅之以晋，可以少安。（《左传·僖公五年》）

（2）太后之色少解。（《战国策·赵策四》）

（3）战少利，陈余复请兵。（《史记·项羽本纪》）

“少安”不是“少安定”，而是“稍微安定了”；“少解”是指赵太后的脸色稍微缓和了一些；“少利”是“略利”的意思。这种用作状语的“少”字，都相当于现代汉语中的“稍”。

2. 略

“略”相当于现代汉语中的“略微”“大体”。例如：

（1）虽然，略以子之所闻见而言之。（《史记·司马相如列传》）

（2）请略陈固陋。（司马迁《报任安书》）

（三）表示程度的变化

表示程度在原来的基础上有了变化，常见的有“益”“愈”“兹”等，相当于“更加”“越发”等。例如：

（1）远见救援不至，而贼来益众，必以其言为信。（韩愈《张中丞传后叙》）

（2）苟亏人愈多，其不仁兹甚，罪益厚。（《墨子·非攻上》）

三、时间副词

时间副词是指表示动作发生的时间以及与时间有关的情况的副词。表示时间的副词比较复杂，也有很多。有些时间副词的古今意义基本相同，而有些时间副词的古今意义差别很大。

1. 稍

“稍”在现代汉语中是程度副词，但在古代汉语里却不仅仅是程度副词，还有时间副词的特征，意思是“逐渐”或“渐渐”。例如：

（1）子尾多受邑，而稍致诸君。（《左传·昭公十年》）

（2）项王乃疑范增与汉有私，稍夺之权。（《史记·项羽本纪》）

2. 曾、尝

时间副词“曾”在现代汉语中还在使用，是“曾经”的意思；古代汉语里也有这种用法。例如：

（1）梁王以此怨盎，曾使人刺盎。（《史记·袁盎晁错列传》）

（2）孟尝君曾待客夜食。（《史记·孟尝君列传》）

这两个例句中的“曾”都是“曾经”的意思，与现代汉语用法相同。但是这种用法汉代以前很少见，汉代以后才出现得较多。先秦常用来表示“曾经”的时间副词是“尝”。例如：

（3）公亦尝闻天子之怒乎？（《战国策·魏策四》）

（4）吾尝终日而思矣，不如须臾之所学也。（《荀子·劝学》）

后世的文言中，仍用“尝”表示“曾经”。例如：

(5) 尝见嵩读《汉书》。(韩愈《张中丞传后叙》)

现代汉语中的“未尝”“何尝”等双音词，还保留着“尝”的这种用法。

3. 方

“方”作为时间副词，可表示行为、性状正在进行或持续。例如：

(1) 君不若引兵疾走大梁，据其街路，冲其方虚，彼必释赵而自救。(《史记·孙子吴起列传》)

(2) 及其壮也，血气方刚，戒之在斗。(《论语·季氏》)

“方”还用于表示行为发生在不久之前，可译为“刚”“刚才”“刚刚”。例如：

(3) 操军方连船舰，首尾相接，可烧而走也。(《资治通鉴·赤壁之战》)

4. 且

“且”字用作时间副词，做状语，表示行为变化的时间，或表示下一步如何，可译为“将”“要”“将要”“暂且”“姑且”。例如：

(1) 失时不雨，民且狼顾。(贾谊《论积贮疏》)

(2) 北山愚公者，年且九十，面山而居。(《列子·汤问》)

5. 竟

“竟”字作为时间副词，表示事情终结的时间，可译为“终于”“到底”等。例如：

(1) 日夜为乐饮者四岁，竟病酒而卒。(《史记·魏公子列传》)

(2) 其后楚日以削，数十年竟为秦所灭。(《史记·屈原贾生列传》)

四、情态副词

情态副词是指表示行为、动作、性质等的情状和语气的副词。古代汉语中的情态副词较为丰富，有的表示肯定或强调，如“诚”“固”“必”“信”等；有的表示反诘语气，如“宁”“岂”等；有的表示推测、估量，如“盖”“殆”“约”等；有的表示其他意义，如“且”“曾”等。

1. 且

“且”用作情态副词，表示“姑且”“尚且”等意义。例如：

（1）先生且休矣，吾将念之。（《史记·淮阴侯列传》）

（2）臣死且不避，卮酒安足辞！（《史记·项羽本纪》）

2. 曾

汉代以前“曾”字用作副词一般不表示时间而表示情态，意思是事实出人意料或已达到某种极限，同现代汉语中的“居然”“竟”的意思相近。“曾”多用在否定句中，作用是加强否定语气。例如：

（1）汝心之固，固不可彻，曾不若孀妻弱子。（《列子·汤问》）

（2）老臣病足，曾不能疾走。（《战国策·赵策四》）

“曾”也可以不用在否定句中，旨在加强句子的语气。例如：

（3）尔何曾比予于管仲？（《孟子·公孙丑上》）

（4）吾以子为异之问，曾由与求之问。（《论语·先进》）

3. 固

“固”作为情态副词，是“坚决”或“本来”的意思。例如：

（1）梁使三反，孟尝君固辞不往也。（《战国策·齐策四》）

（2）百工之事，固不可耕且为也。（《孟子·滕文公上》）

4. 盖

“盖”用作情态副词，可位于句首、句中，表示推测性判断。例如：

（1）盖有非常之功，必待非常之人。（《汉书·武帝纪》）

（2）盖有之矣，我未之见也。（《论语·里仁》）

（3）余登箕山，其上盖有许由冢云。（《史记·伯夷列传》）

5. 宁、岂

“宁”“岂”表示反诘语气，做状语。例如：

（1）王侯将相宁有种乎？（《史记·陈涉世家》）

（2）岂敢反乎？（《史记·项羽本纪》）

五、否定副词

否定副词是用来表示否定意义的副词，古代汉语中常用的有“不”“弗”“毋”“勿”“未”“非”“微”“否”等。否定副词主要用作状语，修饰、限定谓语。

1. 不、弗

“不”和“弗”都表示一般的否定。古代汉语“不”的用法基本和现代汉语相同：既可以否定动词，又可以否定形容词；既可以否定及物动词，又可以否定不及物动词；所否定的及物动词既可带宾语，又可不带宾语。例如：

(1) 君子不忧不惧。(《论语·颜渊》)

(2) 老妇不闻也。(《战国策·赵策四》)

(3) 不问马。(《论语·乡党》)

(4) 人不难以死免其君，我戮之不祥。赦之，以劝事君者。(《左传·成公二年》)

上例中，“不”分别修饰、限定不及物动词“忧”“惧”，及物动词“闻”“问”和形容词“难”“祥”。其中，及物动词“闻”不带宾语，“问”带宾语“马”。

在秦汉以前，“弗”字的使用范围非常狭窄。一般说来，“弗”字后面的动词只能是及物动词，但及物动词后面一般又不带宾语。例如：

(5) 大司马固谏曰：“天之弃商久矣，君将兴之，弗可赦也已。”弗听。(《左传·僖公二十二年》)

(6) 爱共叔段，欲立之。亟请于武公，公弗许。(《左传·隐公元年》)

上例中的“听”“许”都是及物动词，因受“弗”的限定，其后均没有宾语出现。

先秦时期，“弗”字后面的动词带宾语的例子很少；两汉及以后，不但“弗”后动词带宾语的用法多起来，而且“弗”还可以用在形容词前，表示对事物性状的否定，也译成“不”。从此，“不”和“弗”的用法逐渐合并起来。例如：

(7) 上以夫为中郎将。数月，坐法去。后家居长安，长安中诸公莫弗称之。(《史记·魏其武安侯列传》)

(8) 吴起乃自知弗如田文。(《史记·孙子吴起列传》)

(9) 今吕氏王，大臣弗平。(《史记·吕太后本纪》)

例 (7)(8) 中的“弗”否定动词“称”“如”，其后均带有宾语；例 (9) 中，“弗”限定了形容词“平”。

应注意的是，仿古的文言文中还保留着这种区别。由于“不”字的使用范围比“弗”大，用“弗”的地方一般都可以用“不”，因此在读古籍时，只要把“弗”理解为“不”一般是不会发生错误的。

2. 毋、勿

“毋”（有时写作“无”）“勿”是两个表示禁止性的否定副词，相当于现代汉语中的“不要”或“别”。“毋”“勿”和“不”“弗”的区别在于：“不”“弗”表示一般的否定，而“毋”“勿”用在祈使句、命令句中，着力于表示对某种行为的禁止或劝阻，前人称之为“禁戒之辞”，相当于“不要”“别”。在语法作用上，“毋”相当于表示一般性否定的“不”，“勿”相当于表示一般性否定的“弗”。也就是说，“毋”既可以否定及物动词，又可以否定不及物动词，而“勿”只能否定及物动词，且一般也不带宾语。例如：

(1) 我无尔诈，尔无我虞。(《左传·宣公十五年》)

(2) 毋妄言，族矣！(《史记·项羽本纪》)

(3) 己所不欲，勿施于人。(《论语·颜渊》)

(4) 欲人勿知，莫若勿为。(枚乘《上书谏吴王》)

例 (1) 中的“无”否定及物动词“诈”“虞”，有前置宾语“尔”“我”；例 (2) 的“毋”否定不及物动词“言”；例 (3)(4) 中的“勿”否定及物动词“施”“知”“为”。

然而，“勿”后不带宾语的规则在先秦时期就已经不是很严格了。例如：

(5) 百亩之田，勿夺其时。(《孟子·梁惠王上》)

汉魏以后，“毋”“勿”的分别更是逐渐消失，并且“勿”取代了“毋”。

3. 未

“未”表示事情还没有实现，相当于现代汉语中的“没有”。例如：

(1) 小人有母，皆尝小人之食矣。未尝君之羹，请以遗之。(《左传·隐

公元年》)

(2)郤克伤于矢，流血及屦，未绝鼓音。(《左传·成公二年》)

有时“未”也用来表示一般的否定，与“不”用法相同。例如：

(3)君未知战。(《左传·僖公二十二年》)

(4)夫以疲病之卒御狐疑之众，众数虽多，甚未足畏。(《资治通鉴·赤壁之战》)

4. 非

“非”否定的是整个谓语，受其否定的谓语既可以是体词性的，又可以是谓词性的。例如：

(1)今京不度，非制也。(《左传·隐公元年》)

(2)萧同叔子非他，寡君之母也。(《左传·成公二年》)

(3)我非爱其财而易之以羊也。(《孟子·梁惠王上》)

(4)寡人非能好先王之乐也，直好世俗之乐耳。(《孟子·梁惠王下》)

(5)城非不高也，池非不深也，兵革非不坚利也，米粟非不多也。委而去之，是地利不如人和也。(《孟子·公孙丑下》)

上例中，受“非”否定的是谓语“制”“他”“爱其财”“能好先王之乐”“不高”“不深”“不坚利”“不多”，其中“制”“他”是体词性谓语，而“爱其财”“能好先王之乐”“不高”“不深”“不坚利”“不多”是谓词性谓语。

5. 微

“微”表示假设性否定，相当于“如果不是”，较为少见。例如：

(1)微禹，吾其鱼乎！(《左传·昭公元年》)

“微独”是固定结构，与“不独”用法相同，相当于“不但”“非但”。例如：

(2)微独赵，诸侯有在者乎？(《战国策·赵策四》)

6. 否

“否”在《说文解字》中的释义为“否，不也”，相当于现代汉语中的“不”或“不是的”。例如：

(1)唐雎对曰：“否，非若是也。”(《战国策·魏策四》)

(2)王曰：“否，吾何快于是？将以求吾所大欲也。”(《孟子·梁惠

王上》）

“否”还经常与表示应对的“然”相对。例如：

（3）曰：“许子以釜甑爨，以铁耕乎？”曰：“然。”“自为之与？”曰：“否，以粟易之。”（《孟子·滕文公上》）

“否”常与动词或形容词并用，组成肯定与否定并列的短语，如“与否”“存否”“安否”等。例如：

（4）晋人侵郑，以观其可攻与否。（《左传·僖公三十年》）

（5）宦三年矣，未知母之存否。（《左传·宣公二年》）

（6）今日安否何如？（《礼记·文王世子》）

六、谦敬副词

谦敬副词主要是用来表示对人尊敬、对己谦卑的副词。这类副词原来一般都有比较具体的意义，但用作谦敬副词后词义虚化，原来的具体意义就变得很不明显甚至消失了。如“请”原本是动词，是请求义，所带宾语可以是名词性的，也可以是动词性的。例如：

（1）寡人窃闻赵王好音，请奏瑟。（《史记·廉颇蔺相如列传》）

（2）为之请制。（《左传·隐公元年》）

上例中的“请”是动词，表示“请求”的意思。例（1）中，“请奏瑟”，是“请赵王奏瑟”，宾语是动词性的；例（2）中，“请制”是“请求制这个地方”，宾语是专有名词“制”。

当“请”虚化为副词后，其“请求”义已弱化，用在动词或动词性词组前，只表示对对方的尊敬。例如：

（3）城不入，臣请完璧归赵。（《史记·廉颇蔺相如列传》）

此例的“请完璧归赵”的“请”没有对任何人表示请求，只是起了向对话人表示敬意的作用。

谦敬副词可以分为尊人和自谦两类。

尊人的谦敬副词除了“请”之外，常用的还有“幸”“谨”“敬”“惠”“辱”。例如：

（4）秦王跽曰："先生不幸教寡人乎？"（《战国策·秦策三》）

（5）诚若先生之言，谨奉社稷而以从。（《史记·平原君虞卿列传》）

（6）太后曰："敬诺。年几何矣？"（《战国策·赵策四》）

（7）君惠吊亡臣，又重有命。（《国语·晋语二》）

（8）子一国太子，辱在此。（《史记·晋世家》）

自谦的谦敬副词常用的有"窃""忝""猥""仆""伏""愚"等。例如：

（9）臣闻吏议逐客，窃以为过矣。（李斯《谏逐客书》）

（10）且惧奔辟而忝两君。（《左传·成公二年》）

（11）猥以微贱，当侍东宫。（李密《陈情表》）

（12）是仆终已不得舒愤懑以晓左右，则长逝者魂魄私恨无穷。（司马迁《报任安书》）

（13）臣伏计之，大王奉高帝宗庙最宜称。（《史记·孝文本纪》）

（14）愚以为营中之事，悉以咨之，必能使行阵和睦，优劣得所。（诸葛亮《出师表》）

七、古今汉语副词的异同

古今汉语副词的概念内涵相同，但由于语言的发展变化，古今汉语副词在语法上既有相同之处，也存在一些差异。

（一）古今汉语副词的相同点

古今汉语副词在语法上有两个相同点：一是都可以修饰动词或形容词，用来表示程度、范围、时间、肯定、否定等语法意义；二是一般都在句中充当状语，且不能单独回答问题。例如：

（1）这个小店开张了，特别热闹。

（2）他在兄弟三人中年纪最小。

（3）出席会议的人都到了。

(4) 他已经学完了硕士学位课程。

(5) 她正在做作业。

(6) 这次运动会，我一定参加。

(7) 小明今天有事，不来了。

(8) 生之者甚少，而靡之者甚多。(贾谊《论积贮疏》)

(9) 老臣贱息舒祺最少，不肖。(《战国策·赵策四》)

(10) 国人皆咎公。(《左传·僖公二十二年》)

(11) 扶苏已死。(《史记·蒙恬列传》)

(12) 正谨不可止。(《汉书·武五子传》)

(13) 老妇不闻也。(《战国策·赵策四》)

(14) 孝宣之治，信赏必罚。(《汉书·宣帝纪》)

例(1)至例(7)中，副词“特别”“最”表示程度，“都”表示范围，“已经”“正在”表示时间，“一定”表示肯定，“不”表示否定。例(8)至例(14)中，副词“甚”“最”表示程度，“皆”表示范围，“已”表示时间，“不”表示否定，“必”表示肯定。

(二) 古今汉语副词的不同点

古今汉语副词在语法上主要有两点差异。

一是修饰动词、形容词时所处位置存在差异。古今汉语副词都可以修饰动词或形容词，但在句中所处的位置有同又有异。在现代汉语中，副词修饰动词或形容词时总是置于动词或形容词之前，且不能远离。在古代汉语中，副词修饰动词或形容词时虽然一般也置于动词或形容词之前，但有些却可置于句首或者远离动词、形容词。例如：

(1) 汤武者，至天下之善禁令者也。(《荀子·正论》)

(2) 虽然，略以子之所闻见而言之。(司马相如《子虚赋》)

(3) 长公主大以是怨光。(《汉书·霍光金日磾传》)

(4) 会天大雨，道不通。(《史记·陈涉世家》)

例(1)中副词“至”本是修饰形容词“善”的，但不同“善”组合，而是置于句首。例(2)中副词“略”本是修饰动词“言”的，也不同“言”

组合，而是置于句首。例（3）中副词“大”本是修饰动词“怨”的，却同其远离。例（4）中副词“会”本应置于“天”的后面，却置于句首。

二是充当句子成分时存在差异。古今汉语副词虽然都主要在句中充当状语，但也存在一些差异。在现代汉语中，副词做状语一般只修饰动词或者形容词，不修饰名词或名词性词组，但在古代汉语中，除修饰动词或形容词外，还有一些副词可以修饰名词或者名词性词组。例如：

（5）吾乃梁人也。（《战国策·赵策三》）

（6）是乃仁术也。（《孟子·梁惠王上》）

（7）梁父即楚将项燕。（《史记·项羽本纪》）

（8）子诚齐人也。（《孟子·公孙丑上》）

（9）夺项王天下者，必沛公也。（《史记·项羽本纪》）

（10）是皆秦之罪也。（《战国策·秦策一》）

（11）相如素贱人。（《史记·廉颇蔺相如列传》）

（12）膑亦孙武之后世子孙也。（《史记·孙子吴起列传》）

（13）是非君子之道。（《孟子·滕文公下》）

例（5）（6）中副词“乃”做状语，修饰限定做谓语的定中短语“梁人”“仁术”。例（7）中副词“即”修饰限定做谓语的同位短语“楚将项燕”。例（8）中副词“诚”修饰限定做谓语的定中短语“齐人”。例（9）中副词“必”修饰限定做谓语的专有名词“沛公”。例（10）中副词“皆”修饰限定做谓语的定中短语“秦之罪”。例（11）中副词“素”修饰限定做谓语的定中短语“贱人”。例（12）中副词“亦”修饰限定做谓语的多重定中短语“孙武之后世子孙”。例（13）中副词“非”修饰限定做谓语的定中短语“君子之道”。

（三）古今汉语同形副词的用法差异

所谓古今汉语同形副词，是指在古今汉语中书写形式相同的副词。在汉语中，有些副词从古到今书写形式完全相同，但在用法上却存在某些差异。例如：

1. 稍

“稍”在古今汉语中都可用作副词，但用法有较大的差别。在现代汉语中，“稍”一般用作程度副词，表示程度轻微，与“稍微”“略微”相同。例如：

（1）请大家稍静一静。

（2）她今年三十二岁，稍有憔悴之色。

（3）稍有疏忽，就会前功尽弃。

在上古汉语中，“稍”一般用作时间副词，表示事情的逐渐发展，相当于“逐渐”“渐渐”。例如：

（4）项王乃疑范增与汉有私，稍夺之权。（《史记·项羽本纪》）

（5）自缪公以来，稍蚕食诸侯。（《史记·秦始皇本纪》）

（6）仆自去年八月来，痞疾稍已，往时间一二日作，今一月乃二三作。（柳宗元《与李翰林建书》）

例（4）中“稍夺之权”的意思是“逐渐夺了范增的权力”，并不是“略微夺了范增一点权力”。例（5）中的“蚕”是名词做状语，“稍”在前面凸显了秦国像蚕吞食桑叶一样一点一点地并吞诸侯的特点。例（6）很典型，后面的“往时间一二日作，今一月乃二三作”恰恰表明“稍已”不是“略微好了”，而是“逐渐好了”，即从一两天发作一次，到一个月发作二三次。

到了中古以后，“稍”用作副词才有表示“稍微”之义。例如：

（7）如水清泠，便有极清处，有稍清处。（《朱子语类》）

（8）稍不如意，则鞭笞酷虐。（方勺《泊宅编》）

例（7）中“稍”与“极”同文对举，都是程度副词。例（8）中“稍”表示不如意的程度，而不是“渐渐不如意”。

2. 仍

在现代汉语中，“仍”做副词修饰限定动词时，一般表示动作行为照旧或持续不变，有“仍旧”“仍然”的意思。例如：

（1）革命尚未成功，同志仍需努力。

（2）他生病了，仍坚持工作。

在上古汉语中，“仍”做副词修饰限定动词时，主要表示动作行为的频繁性，有“屡次”“多次”的意思。例如：

(3) 寿星仍出，渊耀光明。(《史记·孝武本纪》)

(4) 晋仍无道而鲜胄。(《国语·周语下》)

(5) 勋谓虞、绍曰："吾仍见上，上甚聪明，但拥蔽于左右耳。"(《后汉书·虞傅盖臧列传》)

到了中古以后，"仍"做副词修饰限定动词时，才开始表示动作行为照旧或持续不变。例如，白居易《早兴》诗云："半销宿酒头仍重。"

3. 曾

"曾"在古今汉语中都用作副词，但用法有细微的差别。在现代汉语中，"曾"做副词时表示事情发生在过去，与"曾经"用法相同。例如：

(1)"讽刺"的生命是真实；不必是曾有的实事，但必须是会有的实情。(鲁迅《什么是"讽刺"？——答文学社问》)

(2) 我曾见过北京什刹海拂地的绿杨，脱不了鹅黄的底子，似乎太淡了。(朱自清《绿》)

(3) 他曾三次获得体育竞赛的冠军。

在古代汉语中，"曾"做副词的主要作用不是表示过去的时间，而是表示事实出人意料或者达到了某种极限，相当于"竟（然）""简直"。例如：

(4) 吾以子为异之问，曾由与求之问。(《论语·先进》)

(5) 谁谓河广？曾不容刀。(《诗经·卫风·河广》)

"曾"在古代汉语中的这种用法，大多时候都要搭配上否定副词"不"或"未"。例如：

(6) 汝心之固，固不可彻，曾不若孀妻弱子。(《列子·汤问》)

(7) 昔有学步于邯郸者，曾未得其仿佛，又复失其故步，遂匍匐而归耳。(《汉书·叙传》)

(8) 快然自足，曾不知老之将至。(王羲之《兰亭集序》)

4. 仅

"仅"在古今汉语中都用作副词，但用法有同也有异。在现代汉语中，"仅"用作范围副词，表示范围小或数量少，与"只""仅仅"相当。例如：

(1) 这次参观，仅限于上次没有去的同志。

(2) 当时他仅十五岁，就参军了。

在古代汉语中，"仅"做副词有两种用法。一是表示范围小或数量少，与现代汉语用法相同，读音为“jǐn”。例如：

(3) 狡兔有三窟，仅得免其死耳。(《战国策·齐策四》)

(4) 齐王逃遁走莒，仅以身免。(《战国策·燕策二》)

二是表示范围大或数量多（接近于某一极限数量），相当于“将近”“差不多”“几乎达到”，读音为jìn。例如：

(5) 初守睢阳时，士卒仅万人。(韩愈《张中丞传后叙》)

(6) 自足下谪江陵至于今，凡枉赠答诗仅百篇。(白居易《与元九书》)

(7) 山城仅百层。(杜甫《泊岳阳城下》)

5. 颇

“颇”在古今汉语中都用作程度副词，但语法意义存在差异。在现代汉语中，“颇”主要表示程度高（深），与“很”“非常”相当。例如：

(1) 他议论非常多，而且往往颇奇警。(鲁迅《孤独者》)

(2) 他说得颇激动，坐下去还鼓起发红的两颊。

在古代汉语中，“颇”用作副词有两种情况。一是表示程度高，相当于现代汉语中的“很”“几乎都”。例如：

(3) 颇似楚汉时，翻覆无定止。(李白《猛虎行》)

(4) 五老比肩，不甚峭削，颇似笔架。(徐霞客《游白岳山日记》)

(5) 其后漕稍多，而渠下之民颇得以溉田矣。(《史记·河渠书》)

二是表示程度的减轻或数量的减少，意思是“略微”“少量地”。例如：

(6) 涉浅水者见虾，其颇深者察鱼鳖，其尤甚者观蛟龙。(《论衡·别通》)

(7) 诏曰：“代地居常山之北，与夷狄边。……数有胡寇，难以为国。颇取山南太原之地益属代，代之云中以西为云中郡，则代受边寇益少矣。”(《汉书·高帝纪》)

第八章　叹词

叹词一般指独立于句子之外，表示感叹声音和一定的感情或命令、呼唤、首肯、应诺的词，主要有呜呼、于乎、嗟夫、噫、嘻、噫嘻、唉、诶、诺、唯、诺诺、唯唯、咨、熙、乌、恶、叱嗟、呼、吁、嗟、哑、嗟乎等。叹词既可以表达惊讶、赞赏、欢乐、愉快，也可以表达悲伤、惋惜、愤怒、斥责等意义。例如：

（1）然则夫子既圣矣乎？曰："恶！是何言也？"（《孟子·公孙丑上》）

（2）噫！公命我勿敢言。（《尚书·周书·金縢》）

（3）从者曰："嘻！速驾！"（《左传·定公八年》）

（4）呜呼！哀哉，尼父！（《左传·哀公十六年》）

（5）噫嘻成王！既昭假尔。（《诗经·周颂·噫嘻》）

（6）呜呼！无坠天之降宝命，我先王亦永有依归。（《尚书·周书·金縢》）

（7）嗟乎！师道之不传也久矣！（韩愈《师说》）

（8）嗟乎！嗟乎！一人固不能独立。（《史记·越王勾践世家》）

由上述例句可见，叹词不与其他词组合使用，均可独立成句。

第九章　连词

连词是连接词、短语或句子的虚词，不能充当句子的任何成分，只具有语法意义。古代汉语中的连词有很多，所表示的语法意义较为复杂。从所连接的成分来说，有的连词只连接词或短语，如“与”和“及”；有的连词既连接词或短语，也连接词组或句子，如“而”和“则”；有的连词则只连接句子而不连接词或短语，如“故”和“虽”。

一、连词的类别

按照所连接的词和词、句子和句子之间的关系，连词可以分为两种：联合连词、偏正连词。

（一）联合连词

表示联合关系的连词是指由该类连词所连接的词和词、句子和句子之间的关系是平等的，联合连词又可细分为表并列、表承接、表递进、表选择等几类。常见的联合连词有“与”“及”“以”“而”“且”“宁”等。例如：

（1）郑武公娶于申，曰武姜。生庄公及共叔段。（《左传·隐公元年》）

（2）谏而不入，则莫之继也。（《左传·宣公二年》）

（3）以君之力，曾不能损魁父之丘，如太行、王屋何？且焉置土石？（《列子·汤问》）

(4) 敢问天道乎？抑人故也？(《国语·周语下》)

例（1）中，连词“及”表并列关系；例（2）中，连词“则”表承接关系；例（3）中，连词“且”表递进关系；例（4）中，连词“抑”表选择关系。

（二）偏正连词

表示偏正关系的连词与联合连词正相反，它所连接的词和词、句子和句子之间的关系是不平等的，又可分为表因果、表假设、表目的、表让步等几类。常见的偏正连词有“虽”“纵”“况”“故”“若”“如”等。例如：

(1) 不事力而养足，人民少而财有余，故民不争。(《韩非子·五蠹》)

(2) 欲与大叔，臣请事之；若弗与，则请除之。(《左传·隐公元年》)

(3) 余嘉其能行古道，作《师说》以贻之。(韩愈《师说》)

(4) 虽众，无所用之。(《左传·僖公四年》)

例（1）的连词“故”表因果。例（2）的连词“若”表假设。例（3）的连词“以”表目的。例（4）的连词“虽”表让步。

须注意的是，在先秦古籍中连词一般都是单音节的，总的说来复音连词还没有产生。“虽然”“所以”“然则”“然而”等虽然已经有了，但是它们都还只是固定结构，其意义也与现代汉语不同。例如：

(5) 王曰：“善哉！虽然，公输盘为我为云梯，必取宋。” (《墨子·公输》)

(6) 吾知所以距子矣，吾不言。(《墨子·公输》)

(7) 然则一羽之不举，为不用力焉。(《孟子·梁惠王上》)

(8) 颁白者不负戴于道路矣。七十者衣帛食肉，黎民不饥不寒，然而不王者，未之有也。(《孟子·梁惠王上》)

例（5）的“虽然”是连词“虽”和指示代词“然”连用，意思是“虽然如此”。例（6）的“所以”是辅助性代词“所”和介词“以”连用，表示“距”这一动作的方式，“所以距子”是说“用来抵御你的方法”。例（7）的“然则”是指示代词“然”和连词“则”连用，意思是“如此，那么……”。例（8）的“然而”是指示代词“然”和连词“而”连用，意思是“这样却……”。由于它们经常连用，便逐渐凝固成单纯意义的连词。一般说来，汉魏以后仿古的文言文中，这种复音的固定结构往往既有沿袭先秦的用法，也有单纯用作连词的，这需要根据上下文的具体情况来确定。

二、常见连词的用法

1. 与

连词“与”是由动词虚化而来的。动词“与”有“参与”“给予”的意思。“与”是古代汉语中使用得很多的并列连词，一般只用来连接词和词、词组和词组，以及主要为并列关系的名词、代词或名词性短语。例如：

（1）人生至老，身变者，发与肤也。（《论衡·无形》）

（2）畦留夷与揭车兮，杂杜衡与芳芷。（《楚辞·离骚》）

（3）吾与女同好弃恶，复修旧德，以追念前勋。（《左传·成公十三年》）

（4）凡有爵者，与七十者，与未龀者，皆不为奴。（《汉书·刑法志》）

例（1）的“与”字连接两个名词。例（2）的两个“与”字都是连接两种香草，做宾语，意思是“种上一畦留夷和揭车，夹杂着杜衡和芳芷”。例（3）的“与”字是连接两个人称代词，做主语。例（4）的两个“与”字连接三个名词性短语，做主语。古代汉语的“与”字用作连词时，同现代汉语的“和”“跟”“同”的作用相同。但在现代汉语中，连词“与”一般限于连接两个并列的成分，而古代汉语中有时用两个连词“与”连接三个并列成分，如例（4）。

古代汉语的“与”字和现代汉语的“和”字一样，也兼属连词和介词。连词“与”和介词“与”有时容易分辨，有时是不容易分辨的。一般说来，连词“与”的前后两个名词或体词性的词或短语是并列关系；介词“与”的前后两个名词或体词性的词或短语不是并列关系，而是和其后面的宾语组成介词结构，在句中做状语。例如：

（5）公与之乘，战于长勺。（《左传·庄公十年》）

（6）夸父与日逐走。（《山海经·海外北经》）

此两例中的“与之”“与日”做状语，分别修饰后面的谓语“乘”“逐走”。

2. 而

“而”字是古代汉语中运用最广泛、最灵活的一个连词。它可以连接形容词和形容词、动词和动词、形容词性短语和形容词性短语、动词性短语和动词性短语，还可以连接两个分句，表示两种性质或行为的联系。“而”一般不连接名词或名词性短语。例如：

（1）美而艳。（《左传·桓公元年》）

（2）公入而赋。（《左传·隐公元年》）

（3）敏于事而慎于言。（《论语·学而》）

（4）臣以神遇而不以目视。（《庄子·养生主》）

（5）见兔而顾犬，未为晚也；亡羊而补牢，未为迟也。（《战国策·楚策四》）

例（1）中，连词“而”连接“美”和“艳”。例（2）中，连词“而”连接动词“入”和“赋”。例（3）中，连词“而”连接以形容词“敏”和“慎”为中心语的述补短语。例（4）中，连词“而”连接以动词“遇”和“视”为中心语的状中短语。例（5）中，连词“而”连接了两组动宾短语。

“而”字偶尔也可以连接做谓语的具有描写性质的名词性短语。例如：

（6）蟹六跪而二螯。（《荀子·劝学》）

“而”字还可以连接两个主谓短语，表示两件事情的联系。例如：

（7）任重而道远。（《论语·泰伯》）

（8）故令尹诛而楚奸不上闻，仲尼赏而鲁民易降北。（《韩非子·五蠹》）

这两个例句中的“而”字连接了两个主谓结构。

“而”字连接的两个部分从意义关系来看，情况很复杂，有的表示顺接，有的表示逆接。

所谓顺接即前后两部分是并列关系，也就是说“而”字所连接的前后两部分所表示的意思是相似的或一致的，“而”相当于现代汉语中的“又”“而且”“就”等。如例（1）（2）中的“而”相当于“又”，所连接的形容词、动词意思一致；例（3）中的“而”相当于“而且”，“敏于事”和“慎于言”意思相似。

所谓逆接即前后两部分是补充关系，后一部分补充说明前一部分的性质、状态、目的等，“而”字所连接的前后两部分的意思是相反或相对的，“而”相当于现代汉语中的“但是”“却”等。例如：

(9) 始吾于人也，听其言而信其行；今吾于人也，听其言而观其行。(《论语·公冶长》)

(10) 人谁无过？过而能改，善莫大焉。(《左传·宣公二年》)

例 (9) 中，第一个“而”字是顺接，“听其言”与“信其行”意思相似，译为现代汉语可以用“就”字；第二个“而”字是逆接，“听其言”与“观其行”意思相对，译成现代汉语可以用“却”字。例 (10) 的连词“而”是逆接，“过”与“能改”意思相反。

所谓顺接、逆接都是从上下文的语义来理解才有这种分别的，但是从语法的角度来看，无论顺接还是逆接中的“而”字，都表示两种行为的联系。

连词“而”还可以用在偏正结构里，连接状语和谓语动词。例如：

(11) 人非生而知之者，孰能无惑？(韩愈《师说》)

(12) 吾尝终日而思矣，不如须臾之所学也。(《荀子·劝学》)

(13) 太后盛气而揖之。(《战国策·赵策四》)

(14) 吾恂恂而起，视其缶，而吾蛇尚存，则弛然而卧。(柳宗元《捕蛇者说》)

(15) 子路率尔而对。(《论语·先进》)

(16) 一鼓作气，再而衰，三而竭。(《左传·庄公十年》)

上例中，“而”字前有动词“生”，有名词性短语“终日”“盛气”，有形容词性短语“恂恂”“弛然”“率尔”，有数词“再”“三”，都是做“而”字后面的动词谓语“知”“思”“揖”“起”“卧”“对”以及形容词谓语“衰”“竭”的状语。“而”字连接的是状语和谓语，在意思上都是一种顺接的关系。

连词“而”还可以用在主谓结构里，连接主语和谓语。例如：

(17) 相鼠有皮，人而无仪。(《诗经·鄘风·相鼠》)

(18) 先生独未见夫仆乎？十人而从一人者，宁力不胜，智不若耶？畏之也。(《战国策·赵策三》)

(19) 子产而死，谁其嗣之？(《左传·襄公三十年》)

(20) 意而安之，愿假冠以见；意如不安，愿无变国俗。（《说苑·奉使》）

上例中的“而”字都连接主语和谓语。例（17）的连词“而”连接主语“人”和谓语“无仪”，例（18）的连词“而”连接“十人”和谓语“从一人”，在意思上都是一种逆接，含有转折的意味。例（19）（20）也是逆接，两句中的“而”字都含有假设的意味。

连词“而”还可以连接单句与单句，表示两个分句之间的联系。例如：

(21) 诸侯莫朝，而齐独朝之。(《战国策·赵策三》)

(22) 子仪在位十四年矣，而谋召君者，庸非二乎？（《左传·庄公十四年》）

(23) 遂置姜氏于城颍，而誓之曰：“不及黄泉，无相见也。”（《左传·隐公元年》）

(24) 君人者将祸是务去，而速之，无乃不可乎？(《左传·隐公三年》)

例（21）(22）中，前后两个单句表示的意思相反，属逆接。例（23）(24）中，前后两个单句意思相承，属顺接。

3. 则

连词“则”主要用于连接句和句，有时也可以连接词和词、短语和短语。其所连接的两个成分从意义上来看，既可以表示顺承关系，也可以表示转折关系。

表示顺承关系的主要有以下三种：

一是连词“则”可表示两事在时间上相承。例如：

(1) 战则请从。(《左传·庄公十年》)

(2) 人闻令下，则各以其学议之。(《史记·秦始皇本纪》)

(3) 此印者才毕，则第二板已具。(沈括《梦溪笔谈》)

例（1）的“则”连接词和短语，例（2）(3）的“则”连接两个分句。它们都表示两件事情在时间上是前后相承的，可以译成“就”或者“便”。

二是连词“则”可表示因果或情理上的联系。例如：

(4) 风之积也不厚，则其负大翼也无力。(《庄子·逍遥游》)

(5) 先生之方能若是，则太子可生也。(《史记·扁鹊仓公列传》)

(6) 日与水居，则十五而得其道；生不识水，则虽壮，见舟而畏之。(苏

轼《日喻》)

这三个例句中“则”都是连接两个分句，前一分句表示原因或条件，后一分句表示结果。“则”字相当于现代汉语的“那么”“那么就”“那么……就……”。

三是连词“则”还可表示假设，有“如果”“假设”的意思。例如：

(7) 时则不至而控于地而已矣。(《庄子·逍遥游》)

(8) 项王乃谓海春侯大司马曹咎等曰：“谨守成皋，则汉欲挑战，慎勿与战。”(《史记·项羽本纪》)

例(7)的“则”连接词和词组，也是一种顺承关系。它所连接的后一部分“不至”是表示一种假设的情况，可译作“如果”或者“假如”，同时它和后一分句“而控于地而已矣”又是一种假设的关系。例(8)的“则”连接“谨守成皋”和“汉欲挑战”两个分句，又同“慎勿与战”这个分句是一种假设关系。“则”相当于现代汉语的“如果”或者“假如”。

表示转折关系的用法主要有两种：

一是“则”字连接的后一分句不是表示前一分句所产生的结果，而是陈述一种事先没有估计到的情况。例如：

(9) 公使阳处父追之。及诸河，则在舟中矣。(《左传·僖公三十三年》)

(10) 使子路反见之。至，则行矣。(《论语·微子》)

例(9)中，“则”后的“在舟中矣”是没有估计到的情况。例(10)中的“行矣”也是原来没有估计到的情况。“则”字这种表示转折关系的情况，译成现代汉语相当于“却”“可是”“原来已经”。

二是“则”可以用在让步分句中。例如：

(11) 其室则迩，其人甚远。(《诗经·郑风·东门之墠》)

例(11)的意思是“他住的房子虽然很近，但是这个人却见不到，离得很远。”这个“则”字相当于现代汉语中的“虽然”“倒是”。

4. 之

“之”字本身是一个指示代词，由于它经常被用来复指，因而发展成了连词。“之”最基本的作用就是连接定语和中心语，表示领属关系或修饰关系。例如：

(1) 是炎帝之少女。(《山海经·北山经》)

(2) 小大之狱，虽不能察，必以情。(《左传·庄公十年》)

例(1)的“之”连接定语“炎帝”和中心语“少女”，表示领属关系。例(2)的“之”连接定语“小大”和中心语“狱”，表示修饰关系。这种“之”字的用法在很多语法著作中被归作助词。译成现代汉语时，文言的“之”确实大致相当于现代汉语“的”。但是现代汉语“的”同它前边的词或词组组合成名词性短语，可以做句子中的多种成分。“的”字的附着性很强，而“之”字只能用在定语和中心语的中间，不能没有中心语。两者的语法作用并不是一样的。一般认为“之”字的作用和连词“与”比较接近。连词“与”用在联合结构中，连接前后并列的两个成分，而“之”字都用在偏正结构中，连接定语和中心语。因此，将“之”字看作连词。

“之”字的第二种用法是插在主谓结构中间，使这个主谓结构变成名词性的偏正结构，用作句子的主语、定语、状语。例如：

(3) 不虞君之涉吾地也。(《左传·僖公四年》)

(4) 天之弃商久矣。(《左传·僖公二十二年》)

“君涉吾地”“天弃商”是主谓结构。古代汉语中的主谓结构一般不直接做主语、宾语、状语，而用连词“之”插在主语和谓语的中间，使它变成一个名词性的偏正结构以充当句子中的一个成分。这是古代汉语中很常见的一种用法。“之”字这种用法的实质也就是连接定语和中心语。

5. 且

古代汉语连词“且”可以连接形容词，相当于现代汉语中的“而且”。例如：

(1) 河水清且直猗。(《诗经·魏风·伐檀》)

(2) 君子有酒，旨且多。(《诗经·小雅·鱼丽》)

例(1)(2)中，连词“且”连接了形容词“清”和“直”以及“旨”和“多”。“清且直猗”表示“河水清而且波纹直”；“旨且多”是说“味美而且多”。

古代汉语连词“且”还可以连接动词和动词，相当于现代汉语中的“一边……一边……”。例如：

(3) 百工之事，固不可耕且为也。(《孟子·滕文公上》)

（4）盾曰：“弃人用犬，虽猛何为？”斗且出。（《左传·宣公二年》）

“耕且为”的意思是“一边耕田，一边做百工之事”；“斗且出”是说“一边搏斗，一边向外走”。

古代汉语连词“且”还可以连接句子和句子，一般表示递进关系，相当于“而且”“并且”。例如：

（5）公语之故，且告之悔。（《左传·隐公元年》）

（6）夫颛臾，昔者先王以为东蒙主，且在邦域之中矣，是社稷之臣也。（《论语·季氏》）

古代汉语中的“且”连接分句时，除了表示递进关系外，还可表示选择，相当于现代汉语中的“是……还是……”。例如：

（7）富贵者骄人乎？且贫贱者骄人乎？（《史记·魏世家》）

（8）岂吾相不当侯邪？且固命也？（《史记·李将军列传》）

古代汉语连词“且”还可用于复句的偏句之主语的后边，作为陪衬，说明另一件事的严重性，以引起后面正句的进一层推论，相当于“尚且”。例如：

（9）臣死且不避，卮酒安足辞？（《史记·项羽本纪》）

（10）死马且买之五百金，况生马乎？（《战国策·燕策一》）

6. 以

古代汉语连词“以”一般可以连接动词和动词、动词性词组和动词性词组，表示所连接的两个动作、行为在时间上有先后之分，并且后一个动词所表示的动作、行为通常是前一个动词所表示的动作、行为的目的，或是前一个动词所产生的结果，相当于现代汉语中的“来”或“用来”。例如：

（1）命子封帅车二百乘以伐京。（《左传·隐公元年》）

（2）焉用亡郑以倍邻？（《左传·僖公三十年》）

（3）秋，楚子围许以救郑，诸侯救许，乃还。（《左传·僖公六年》）

（4）自始合，而矢贯余手及肘，余折以御，左轮朱殷，岂敢言病？（《左传·成公二年》）

（5）韩厥执絷马前，再拜稽首，奉觞加璧以进。（《左传·成公二年》）

例（1）（2）中，连词“以”连接了动宾短语“帅车二百乘”和“伐京”、“亡郑”和“倍邻”；动词“帅”“亡”发生在动词“伐”“倍”之前，并且“伐京”是“帅车二百乘”的目的，“倍邻”是“亡郑”产生的结果。例（3）（4）（5）中，连词“以”连接了动宾短语“围许”和“救郑”，动词“折”和“御”，动词性并列短语“再拜”“稽首”“奉觞”“加璧”和动词“进”。

7. 虽

古代汉语连词“虽”一般表示让步或假设性的让步，相当于现代汉语中的“虽然”或“即使”等。例如：

（1）虽少，愿及未填沟壑而托之。（《战国策·赵策四》）

（2）虽君有命，寡人弗敢与闻。（《左传·隐公十一年》）

（3）虽九死其犹未悔。（《楚辞·离骚》）

（4）请子奉之，以主社稷，寡人虽死，亦无悔焉。（《左传·隐公三年》）

8. 故

古代汉语连词“故”常用在因果复句中以表示结果，相当于现代汉语中的“因此”。例如：

（1）段不弟，故不言弟。（《左传·隐公元年》）

（2）晋饥，秦输之粟；秦饥，晋闭之籴，故秦伯伐晋。（《左传·僖公十五年》）

例（1）中，前一分句“段不弟”表原因，“故不言弟”表结果。例（2）中，并列复句“晋饥，秦输之粟；秦饥，晋闭之籴”表原因，“故秦伯伐晋”表结果。

三、古今汉语连词的异同

古今汉语连词的概念内涵是相同的，但由于语言的发展变化，古今汉语连词在语法作用上既有共同的特点，也存在一些差异。

（一）古今汉语连词的相同点

在古今汉语中，连词一般都被用来连接词与词、句子与句子，表示各种语法关系。例如：

（1）工人和农民都是国家的主人。

（2）这座山高而且陡。

（3）我们天天穿衣吃饭，应该知道衣和饭的生产过程。

（4）或者把老虎打死，或者被老虎吃掉，二者必居其一。

（5）这一点现在还不是事实，但是将来必定要成为事实。

（6）金子虽然很名贵，但我还是要做一块钢。

（7）如果你愿意，我就陪你去白云山看看。

（8）他今天生病了，所以没来上学。

（9）生庄公及共叔段。（《左传·隐公元年》）

（10）晋公子广而俭。（《左传·僖公二十三年》）

（11）十人而从一人者，宁力不胜，智不若邪？（《战国策·赵策三》）

（12）富贵者骄人乎？且贫贱者骄人乎？（《史记·魏世家》）

（13）公语之故，且告之悔。（《左传·隐公元年》）

（14）灌婴虽少，然数力战，乃拜灌婴为中大夫。（《史记·樊郦滕灌列传》）

（15）欲与大叔，臣请事之。若弗与，则请除之。（《左传·隐公元年》）

（16）彼竭我盈，故克之。（《左传·庄公十年》）

由上述例子可以看出，古今汉语连词在句中只起连接的作用，即要么连接词与词，要么连接句与句，都不能充当任何句子成分。

（二）古今汉语同形连词用法的异同

1. 而

在古今汉语中，连词“而”的相同点是都可在联合结构、主谓结构和偏正结构中连接词或词组，用以表示各种不同的语法关系。例如：

(1) 战而胜之。

(2) 中国人民勤劳而勇敢。

(3) 因有困难而畏惧而退缩而消极的人，不会有任何成功。

(4) 集中兵力一战而胜。

(5) 匆匆而来。

(6) 栀子花的香，浓而不烈，清而不淡。

(7) 民族战争而不依靠人民大众，毫无疑义将不能取得胜利。

(8) 公入而赋。(《左传·隐公元年》)

(9) 美而艳。(《左传·桓公元年》)

(10) 察言而观色。(《论语·颜渊》)

(11) 见兔而顾犬，未为晚也；亡羊而补牢，未为迟也。(《战国策·楚策四》)

(12) 子路率尔而对曰……(《论语·先进》)

(13) 相鼠有皮，人而无仪。(《诗经·鄘风·相鼠》)

(14) 匹夫而为百世师，一言而为天下法。(苏轼《潮州韩文公庙碑》)

在古今汉语中，连词“而”的不同点主要有二。

一是连接状语和中心语时有差异。在古今汉语中，连词“而”都可连接状语和中心语，但有细微的差别。在现代汉语中，“而”连接状语和中心语时，状语多半是介词结构。例如：

(15) 为了个人的利益而放弃原则。

(16) 为实现祖国的四个现代化而奋斗。

(17) 通过实践而发现真理。

在古代汉语中，“而”连接状语和中心语时，状语的形式灵活多样，既可以是名词，也可以是动词、形容词，还可以是数词。

值得注意的是，在现代汉语中，“而”所连接的中心语有时可以省略。例如：

(18) 他就让这个女人由小孩而老人，像一朵花似的枯死。

(19) 社会历史哪里会顺着老子这些道学家的愿望而走回头路，它还是按照自己的发展规律，一步一步地由原始社会而奴隶社会，而封建社会，而资本主义社会，而社会主义社会。

例（18）中连词“而”后省略了中心语“变成”。例（19）中“而”后省略了中心语“发展为”。

二是在主谓结构中的用法存在差异。在古今汉语中，连词“而”都可置于主谓结构的中间，表示假设，但也有细微的差异。现代汉语中的“而”在主谓之间的位置是固定的，但在古代汉语中，在主谓之间用于表示假设的“而”，有时也可提到句首。例如：

（20）而诸侯敢救者，已拔赵，必移兵先击之。（《史记·魏公子列传》）

2. 且

在古今汉语中，“且”用作连词的相同点是都可连接动词、形容词及分句。例如：

（1）他的心思却浪花似的喷散开来，一阵接一阵，迅速且缭乱。（叶圣陶《校长》）

（2）新疆种马既高且大。

（3）阿Q且看且走地说。（鲁迅《阿Q正传》）

（4）我们这种有理、有利、有节的政策，对于打退这次反共高潮，是完全必要的，且已收得成效。（《毛泽东选集》第二卷）

（5）河水清且直猗。（《诗经·魏风·伐檀》）

（6）王不行，示赵弱且怯也。（《史记·廉颇蔺相如列传》）

（7）百工之事，固不可耕且为也。（《孟子·滕文公上》）

古今汉语连词“且”的用法差异主要体现在连接分句上。在现代汉语中，“且”在连接分句时一般表示递进关系，相当于“而且”“并且”，但是古代汉语连词“且”在连接分句时，除表示递进关系外，还可表示选择关系。例如：

（8）富贵者骄人乎？且贫贱者骄人乎？（《史记·魏世家》）

（9）岂吾相不当侯邪？且固命也？（《史记·李将军列传》）

此外，古代汉语连词“且”还可置于复句偏句的主语后边作为陪衬，说明另一件事的严重性，旨在引起后面正句的进层推论，相当于“尚且”。例如：

（10）臣死且不避，卮酒安足辞？（《史记·项羽本纪》）

（11）死马且买之五百金，况生马乎？（《战国策·燕策一》）

3. 与

在古今汉语中，“与”用作连词的相同点是都能连接并列关系的词或词组。例如：

（1）程疯子与小妞抬着水桶，进来。（老舍《龙须沟》）

（2）和平实现与和平巩固是两件事。（《毛泽东选集》第一卷）

（3）人生至老，身变者，发与肤也。（《论衡·无形》）

（4）知可以战与不可以战者胜。（《孙子·谋攻》）

古今汉语连词“与”的差异主要体现在连接作用上。

一是连接并列成分时存在差异。在现代汉语中，连词“与”在连接并列成分时一般限于两个，如“工业与农业”“批评与自我批评”等，但是古代汉语中的“与”除可连接两个并列成分外，有时还可连接两个以上的并列成分，并且使用两个“与”，构成“与……与……”的格式。例如：

（5）子罕言利与命与仁。（《论语·子罕》）

（6）凡有爵者，与七十者，与未龀者，皆不为奴。（《汉书·刑法志》）

二是词语的搭配关系存在差异。在现代汉语中，连词“与”不能单独同“宁”“不如”等搭配、呼应，但是古代汉语中的“与”却经常同“宁”“不如”等搭配，构成固定格式“与……，宁……”或“与……，不如……”，用以表示取舍。例如：

（7）与为人妻，宁为夫子妾。（《庄子·德充符》）

（8）与人刃我，宁自刃。（《史记·鲁仲连邹阳列传》）

（9）吾与富贵而诎于人，宁贫贱而轻世肆志焉。（《史记·鲁仲连邹阳列传》）

（10）与吾得革车千乘也，不如闻行人烛过之一言。（《吕氏春秋·贵直》）

4. 则

“则”在古今汉语中用作连词的相同点是都可连接分句，表示两件事在时间上的承接或因果上的联系，或者表示对比、让步关系。例如：

（1）每一巨弹堕地，则火光迸裂。（薛福成《观巴黎油画记》）

（2）我们既然解决了提高和普及的关系问题，则专门家和普及工作者的关系问题也就可以随着解决了。（《毛泽东选集》第三卷）

(3) 旧的制度已经腐朽，新的制度则如旭日东升。

(4) 好则好，只是太贵。

(5) 既其出，则或咎其欲出者。(王安石《游褒禅山记》)

(6) 谏而不入，则莫之继也。(《左传·宣公二年》)

(7) 故远人不服，则修文德以来之。(《论语·季氏》)

(8) 凡事豫则立，不豫则废。(《礼记·中庸》)

但在古代汉语中，连词“则”除上述用法外，还可表示假设、转移关系。例如：

(9) 彼则肆然而为帝，过而遂正于天下，则连有赴东海而死耳。(《战国策·赵策三》)

(10) 谨守成皋，则汉欲挑战，慎勿与战。(《史记·项羽本纪》)

(11) 文公曰：“子则自以为有罪，寡人亦有罪邪?”(《史记·循吏列传》)

(12) 实欲言十则言百，百则言千矣。(《论衡·儒增》)

(13) 公使阳处父追之。及诸河，则在舟中矣。(《左传·僖公三十三年》)

例(9)(10)(11)中“则”表示假设，相当于“假如”“如果”。例(12)(13)中“则”表示转折，相当于“反而”“却”。

5. 如

“如”在古今汉语中用作连词的共同之处是均可连接分句，表示假设关系，相当于“如果”。例如：

(1) 民众如没有组织，是不能表现其抗日力量的。(《毛泽东选集》第二卷)

(2) 军队干部必须帮助地方干部，地方干部也必须帮助军队干部。如有纠纷，应该双方互相原谅，而各对自己作正确的自我批评。(《毛泽东选集》第三卷)

(3) 如有事不能来上课，必须事先向班主任请假。

(4) 如知其非义，斯速已矣。(《孟子·滕文公下》)

(5) 如孔子知津，不当更问。……如不知而问之，是不能先知。(《论衡·知实》)

(6) 王如知此，则无望民之多于邻国也。(《孟子·梁惠王上》)

但在古代汉语中，连词“如”除上述用法外，还可表示并列关系、顺承关系、选择关系、转折关系等。例如：

(7) 予秦地如毋予，孰吉？(《史记·平原君虞卿列传》)

(8) 今匈奴挟不信之心，怀不测之诈，见利如前，乘便而起。(桓宽《盐铁论·世务》)

(9) 安见方六七十如五六十而非邦也者？(《论语·先进》)

(10) 乡是如不臧，倍是如不亡者，自古及今，未尝有也！(《荀子·儒效》)

(11) 如其礼乐，以俟君子。(《论语·先进》)

6. 若

“若”在古今汉语中用作连词的共同之处是均可连接分句，表示假设关系。例如：

(1) 人不犯我，我不犯人；人若犯我，我必犯人。(《毛泽东选集》第二卷)

(2) 没有贫农，便没有革命。若否认他们，便是否认革命。若打击他们，便是打击革命。(《毛泽东选集》第一卷)

(3) 理论若不和革命实践联系起来，就会变成无对象的理论。(斯大林《论列宁主义基础》)

(4) 欲与大叔，臣请事之。若弗与，则请除之。(《左传·隐公元年》)

(5) 若伐曹卫，楚必救之。(《左传·僖公二十七年》)

(6) 王若隐其无罪而就死地，则牛羊何择焉？(《孟子·梁惠王上》)

但在古代汉语中，连词“若”除表示假设关系外，还可表示并列关系、顺承关系和选择关系等。例如：

(7) 天地开辟，人皇以来，随寿而死。若中年夭亡，以亿万数。(《论衡·论死》)

(8) 必有忍也，若能有济也。(《国语·周语中》)

(9) 愿取吴王若将军头以报父之仇。(《史记·魏其武安侯列传》)

(10) 时有军役若水旱，民不困乏。(《汉书·食货志》)

第十章　介词

介词是指一般不能单独使用而经常用在名词、代词或名词性词组的前边组成介词结构后，一起做动词或形容词的状语或补语，表示行为的时间、处所、目的、原因、对象、方式等的词。例如：

（1）是干戚用于古不用于今也。（《韩非子·五蠹》）

（2）左执簧，右招我由房。（《诗经·王风·君子阳阳》）

（3）及庄公即位，为之请制。（《左传·隐公元年》）

（4）君子不以言举人，不以人废言。（《论语·卫灵公》）

（5）初，郑武公娶于申。（《左传·隐公元年》）

（6）许子以釜甑爨，以铁耕乎？（《孟子·滕文公上》）

（7）季氏富于周公。（《论语·先进》）

例（1）中，介宾短语“于古”“于今”表示行为的时间，做补语。例（2）中，介宾短语“由房”表示行为的处所，做补语。例（3）中，介宾短语“为之”表示行为的目的，做状语。例（4）中，介宾短语“以言”“以人”表示行为的原因，做状语。例（5）中，介宾短语“于申”表示行为的对象，做补语。例（6）中，介宾短语“以釜”“以铁”表示行为的方式，做状语。例（7）中，介宾短语“于周公”表示比较的对象，做状语。

一、古今汉语介词结构的差别

古代汉语的介词结构同现代汉语的介词结构在用法上是有所不同的，体现在：

1. 现代汉语的介词结构除了表示处所以外，一般都只做状语；古代汉语的介词结构，一般既可做状语，又可做补语。例如：

大匠诲人，必以规矩。（《孟子·告子上》）

前例（6）与本例同样是由介词“以”构成的介词结构，但在前例（6）中做状语，在本例中做补语。

2. 现代汉语中名词、代词或体词性短语做介词的宾语时，位于介词的后面；而古代汉语中名词、代词或体词性短语做介词的宾语时，既可位于介词前，又可位于介词后。例如：

（1）楚国方城以为城，汉水以为池，虽众，无所用之。（《左传·僖公四年》）

（2）江汉以濯之，秋阳以暴之。（《孟子·滕文公上》）

（3）问：“何以战？”（《左传·庄公十年》）

前例（1）至例（7）中，介词结构的宾语均位于介词后。本例（1）至例（3）中，介词“以”的宾语名词“方城”“汉水”，名词性短语“江汉”“秋阳”以及疑问代词“何”，均位于介词“以”前。须注意的是，当疑问代词做介词宾语时，疑问代词往往位于介词前。

3. 现代汉语中介词的宾语是不能省略的，但古代汉语中介词的宾语常常有省略的情况。例如：

（1）未尝君之羹。请以遗之。（《左传·隐公元年》）

（2）不如因善遇之。（《史记·项羽本纪》）

（3）女居其中，为具牛酒饭食。（《史记·滑稽列传》）

（4）民可以乐成，不可与虑始。（《史记·滑稽列传》）

例（1）的“请以遗之”是“请以君之羹遗之”，介词“以”后的宾语省略了。例（2）的“不如因善遇之”，介词“因”后省略了宾语“此”。例（3）的“为具牛酒饭食”是“为之具牛酒饭食”的省略，介词“为”后省略了宾语“之”。例（4）的“以”和“与”后面，也省略了宾语“之”。

二、常见介词及其用法

1. 于、於、乎

“于”“於”“乎”作为介词使用的时候，在意义上没有区别。只不过在《尚书》《诗经》中常用“于”；《论语》《孟子》里通常用“於”，有时用“乎”；《左传》里“于”“於”并用；战国以后的古籍多用“於”。在《左传》中“于”“於”的用法有些不同。当引进处所时用“于”；当引进一般的代词、名词时，在被动句、描写句里，一般用“於”，不用“于”。此外，当与疑问代词“恶”搭配使用时，只用“乎”，形成了较为固定的组合关系。“恶乎”的意思相当于“於何”。

介词“于（於）”的用法有：

第一，“于”引入动作、行为的处所和时间。这种用法产生较早，甲骨文中就较为习见。例如：

（1）于宗户寻王羌？（《屯南》3185）

（2）公与之乘，战于长勺。（《左传·庄公十年》）

（3）吾闻出于幽谷迁于乔木者，未闻下乔木而入于幽谷者。（《孟子·滕文公上》）

（4）丁亥卜：汝有疾，于今三月弗水？（《甲骨文合集》22098）

（5）自朝至于日中昃，不遑暇食。（《尚书·周书·无逸》）

（6）是干戚用于古不用于今也。（《韩非子·五蠹》）

例（1）至例（3）的介词“于”引入动作、行为发生的处所。例（1）的“于宗户”中的“于”引入动词“寻”发生的处所“宗户”，“于”相当于现代汉语的“在”。例（2）的“战于长勺”是“在长勺这个地方交战”，“于”相当于现代汉语的“在”。例（3）的“出于幽谷”是“从深暗的山谷中飞出来”，“于”相当于现代汉语的“从”；“迁于乔木”是“迁到高树上面”，“于”相当于现代汉语的“到”；“入于幽谷”是“进到深暗的山谷中”，“于”相当于现代汉语的“到”。须注意的是，古代汉语中介词“于”表示动作的处所并非分成三种情况，介词“于”只是将动作、行为发生的处所引入，为了符合今天的语言习惯，才将“于”对译为现代汉语中的不同介词。

例（4）至例（6）的介词“于”引入动作、行为发生的时间。例（4）的介词“于”引入时间“今三月”。例（5）的意思是“从早上到太阳偏西，来不及抽空吃饭”。“自朝”是介词结构做动词“至”的状语，表示动作的时间起点；“于日中昃”这个介词结构做动词“至”的补语，表示动作的时间终点。例（6）的介词结构“于古”“于今”做动词“用”的补语，表示动作的时间范围。

另外，在古代汉语里，表示处所的“于”字可以不出现，让处所名词直接用在谓语动词或动宾短语之后做补语，这是现代汉语的书面语言中很少用的。在这里要补充说明一点：这并不是省略介词“于”。需要强调的是，在古代汉语中，存在着两种补语格式：一种是介词结构做补语，另一种是名词直接用作补语。但名词直接用作补语，有时容易同宾语发生混淆。例如：

（7）吾闻秦军围赵王巨鹿。（《史记·项羽本纪》）

“巨鹿”是补语还是宾语？当然是补语，但是“巨鹿”也可以用作“围”字的宾语。如果有介词“于”就不会发生混淆了，这正是句子中多用介词结构做补语的客观原因。

第二，介词“于”可以介入行为、动作所涉及的对象。例如：

（1）叶公问孔子于子路。（《论语·述而》）

（2）赏必加于有功，而刑必断于有罪。（《史记·范雎蔡泽列传》）

例（1）中，“问孔子于子路”的“于”相当于现代汉语的“向”，介宾结构“于子路”做补语。例（2）中，“于有功”的“于”相当于“给”，“于有罪”的“于”相当于“对”或“对于”。这样对译只是根据现代汉语词义搭配的习惯，而不是说古代汉语里介绍动作所涉及的对象的介词“于”有什么区别。

第三，介词“于”可以介入比较的对象。例如：

（1）王如知此，则无望民之多于邻国也。（《孟子·梁惠王上》）

（2）青，取之于蓝而青于蓝；冰，水为之而寒于水。（《荀子·劝学》）

（3）老臣窃以为媪之爱燕后，贤于长安君。（《战国策·赵策四》）

例（1）中的“民之多于邻国”即“民多于邻国”，“于邻国”做补语，介词“于”表比较。例（2）的“青于蓝”是“青比蓝草更青”，“寒于水”

是“比水更寒冷”。例（3）的“贤于长安君”是“比爱长安君更贤明”。介绍比较的对象时，“于”一般只放在形容词谓语的后面，“于”字译成现代汉语相当于“比”。

但介词结构在句中的位置不一样，古代汉语中多用作补语，而现代汉语中都用作状语。介绍比较的对象时，古代汉语一般只用“於”。

第四，介词“于”可以表被动，也就是在被动句中介绍动作、行为的主动者。例如：

（1）君子役物，小人役于物。（《荀子·修身》）

（2）郤克伤于矢，流血及屦。（《左传·成公二年》）

例（1）中“役于物”的意思是“被物役”。例（2）中，“伤于矢”就是“被矢伤”。

此外，“乎”字的上古音同“于”字相近，除经常用作句尾语气词外，也用作介词。当“乎”用作介词时，用法基本和“于”相同，只是用得比“于”少。例如：

（1）浴乎沂，风乎舞雩，咏而归。（《论语·先进》）

（2）鸡鸣狗吠相闻，而达乎四境。（《孟子·公孙丑上》）

（3）生乎吾前，其闻道也固先乎吾，吾从而师之。（韩愈《师说》）

例（1）的“乎”表示“在”。例（2）的“乎”相当于“在”。例（3）中，前“乎”相当于“在”，引进时间；后“乎”引进比较的对象。

2. 以

“以”本来是个动词，意思是“用”，虚化为介词后用法比较复杂，最常见的用法有下面四种：

第一，“以”可以介绍动作、行为所采用的工具或凭借的手段。这是介词“以”最基本的一种用法。所谓工具、手段是比较宽泛的概念，既可以是具体的东西，也可以是比较抽象的事物；做介词“以”宾语的可以是表实物的名词、抽象名词、名词性短语，也可以是形容词及其短语、动词及其短语。例如：

（1）南方有鸟焉，名曰蒙鸠，以羽为巢，而编之以发。（《荀子·劝学》）

（2）儒以文乱法，侠以武犯禁。（《韩非子·五蠹》）

(3) 皆言匈奴破月氏王，以其头为饮器。(《史记·大宛列传》)

(4) 唯有德者能以宽服民。(《左传·昭公二十年》)

(5) 宋、卫既入郑，而以伐戴召蔡人。(《左传·隐公十年》)

例(1)写蒙鸠这种小鸟做窝时采用了羽毛做材料，用头发来编织。“以羽”和“以发”都是进行动作时所采用的材料、工具，“以羽”这个介词结构是动作“为”的状语，介词结构“以发”是动作“编”的补语，“羽”“发”都是具体的东西。例(2)中，介词“以”的宾语“文”“武”都是比较抽象的事物。例(3)中，介词“以”的宾语“其头”是名词性定中短语。例(4)中，介词“以”的宾语“宽”是形容词。例(5)中，介词“以”的宾语“伐戴”是动宾短语。

这种用法的“以”所构成的介词结构，既可以做状语，如例(1)至例(5)，还可以做补语。例如：

(6) 昔者大王居邠，狄人侵之。事之以皮币，不得免焉；事之以犬马，不得免焉；事之以珠玉，不得免焉。(《孟子·梁惠王下》)

(7) 子路，人告之以有过则喜。(《孟子·公孙丑上》)

第二，“以”可介入主动者施行某一动作时凭借的某种条件、依据、资格、身份或地位。例如：

(1) 至其时，西门豹往会之河上……以人民往观之者三二千人。(《史记·滑稽列传》)

(2) 骞以郎应募，使月氏。(《汉书·张骞李广利传》)

(3) 膑至，庞涓恐其贤于己，疾之，则以法刑断其两足而黥之。(《史记·孙子吴起列传》)

例(1)的“以人民”是介词结构做“往观”的状语，表示“往观的两三千人是凭着普通百姓的身份”。例(2)的“以郎”是表示“张骞是凭着郎官的资格、地位应募出使月氏的”。例(3)的“以法刑”是表示“依据法刑”。再如：

(4) 项梁乃以八千人渡江而西。(《史记·项羽本纪》)

(5) 余船以次俱进。(《资治通鉴·赤壁之战》)

例(4)是说“项梁率领八千人渡江向西进军”。翻译成现代汉语时“带领”是动词，“带领八千人渡江”是个连动结构，而古代汉语的“以八千人渡江”则是带状语的动宾结构。“以八千人”是介词结构做状语，实际上也就是表示项梁渡江时凭借的条件。例（5）的“以次俱进”是“按照次序一同前进”，“以次”是“俱进”所遵循、凭借的方式。

第三，“以”可介入动作、行为的原因。这种用法中的介词“以”相当于现代汉语中的“因”“因为”“由于”。例如：

（1）廉颇者，赵之良将也。……以勇气闻于诸侯。（《史记·廉颇蔺相如列传》）

（2）扶苏以数谏故，上使外将兵。（《史记·陈涉世家》）

（3）所谓华阳洞者，以其乃华山之阳名之也。（王安石《游褒禅山记》）

例（1）中，介词结构“以勇气”表示“闻于诸侯”的原因。例（2）中，“以数谏故”是表示“扶苏被秦始皇派到外面带兵”的原因。例（3）中，“以其乃华山之阳”这个介词结构是“名之”的原因，“名”在这里用作动词。

第四，“以”可介入表示动作、行为发生的时间。例如：

（1）文以五月五日生。（《史记·孟尝君列传》）

（2）以太初三年为游击将军。（《史记·卫将军骠骑列传》）

（3）孔子年七十三，以鲁哀公十六年四月己丑卒。（《史记·孔子世家》）

“以”字表示时间相当于“于”。表示时间的“于”字结构一般只做补语，而表示时间的“以”字结构一般只做状语，也有做补语的，但较为少见，多在秦汉以前。例如：

（4）赏以春夏，刑以秋冬。（《左传·襄公二十六年》）

（5）入郢必以庚辰。（《左传·昭公三十一年》）

“以”字的上述四种用法关系密切，第一种是最基本的用法，后三种是从第一种用法表示“凭借”的意义引申而来的。可见，各种用法之间的界限有时并不明显，特别是第一种用法和第二种用法，都介绍行为、动作所凭借的对象。因此，有的语法著作将这两种用法归并成一类。另外，第一种用法和第三种用法有时也不能分清。如“而吾以捕蛇独存”这个例句，既可以理解为“而我凭借捕蛇的手段独自生存下来”，也可以理解为“而我由于捕蛇得以独自生存下来”，但其意思基本相同。

3. 为

古代汉语介词“为”也是由动词虚化而来的。介词“为”的用法主要可以分成三种情况：

第一，介词“为”可介入动作、行为服务的对象，相当于现代汉语中的“替”或“给”。例如：

(1) 为长安君约车百乘。(《战国策·赵策四》)

(2) 寡君使群臣为鲁、卫请。(《左传·成公二年》)

有时这种受益的对象可以省略。例如：

(3) 先生不羞，乃有意欲为收责于薛乎？(《战国策·齐策四》)

介词“为”还可介入动作、行为涉及的对象，相当于现代汉语中的“对”。例如：

(4) 淮阴人为余言：韩信虽为布衣时，其志与众异。(《史记·淮阴侯列传》)

(5) 此中人语云：“不足为外人道也。”(陶渊明《桃花源记》)

第二，介词“为”介入动作、行为的原因或目的。例如：

(1) 天行有常，不为尧存，不为桀亡。(《荀子·天论》)

(2) 天不为人之恶寒也辍冬，地不为人之恶辽远也辍广。(《荀子·天论》)

例(1)(2)中的介词“为”，介入上天存亡、四季更替和地域广阔的原因不是“尧”“桀”“恶寒”“恶辽远”，“为”相当于现代汉语的“因为”。又如：

(3) 始知文章合为时而著，诗歌合为事而作。(白居易《与元九书》)

(4) 天下熙熙，皆为利来；天下攘攘，皆为利往。(《史记·货殖列传》)

例(3)的意思是“才知道文章应该为了反映时代而著述，诗歌应该为了反映客观事物而创作”，介词“为”是介绍行为的目的，可以翻译成“为了”。例(4)的“为利”表示了“天下熙熙”“天下攘攘”的目的。

第三，介词“为”表示被动，介入行为的主动者。例如：

(1) 楚遂削弱，为秦所轻。(《战国策·秦策四》)

(2) 而身为宋国笑。(《韩非子·五蠹》)

（3）卫太子为江充所败。（《汉书·霍光金日磾传》）

（4）愿君留意臣之计。否，必为二子所禽矣。（《史记·淮阴侯列传》）

（5）吾子，白帝子也，化为蛇，当道，今为赤帝子斩之。（《史记·高祖本纪》）

例（1）至例（5）中，介词"为"介入动作、行为的主动者"秦""宋国""江充""二子""赤帝子"，相当于现代汉语中的"被"。

4. 因

"因"在古今都用作介词，用法大同小异。介词"因"在古代汉语和现代汉语中，都可用来介入动作、行为的凭借、依据、原因。例如：

（1）善战者，因其势而利导之。（《史记·孙子吴起列传》）

（2）魏使人因平原君请从于赵。（《战国策·赵策三》）

（3）魏往年大破于齐，诸侯畔之，可因此时伐魏。（《史记·商君列传》）

（4）即因使者上书，请比内诸侯。（《史记·南越列传》）

（5）狄实灭卫，因桓耻而不书。（《史通·惑经》）

（6）因前使绝国功，封骞博望侯。（《史记·卫将军骠骑列传》）

例（1）（2）中，介词"因"表示凭借"其势""平原君"去做什么。例（3）（4）中，介词"因"表示依据"此时""使者上书"去做什么。例（5）（6）中，介词"因"介入事情的原因"桓耻""前使绝国功"。

古代汉语介词"因"除了上述用法外，还可引进动作、行为的中介，理解为"通过……"的意思。例如：

（7）时子因陈子而以告孟子。（《孟子·公孙丑下》）

（8）商鞅因景监见，赵良寒心。（司马迁《报任安书》）

三、古今汉语介词的异同

古今汉语介词的概念内涵相同，但由于语言的发展变化，古今汉语介词在语法特点上既有共同之处，也存在一些差异。

（一）古今汉语介词的相同点

在语法上，古今汉语介词有两个相同点：

第一，一般都能与名词、代词或名词性短语组合成介词结构，用以表示介入时间、处所、工具、方式、原因、目的、对象等意义。例如：

（1）李铭从早上工作到晚上。

（2）小明在图书馆看书。

（3）他用毛笔写字。

（4）要按客观规律办事。

（5）由于老师的耐心辅导，他的学习成绩提高了。

（6）为人民服务。

（7）凡事都要对人民负责。

（8）许多同学语文都比我学得好。

（9）是干戚用于古不用于今也。（《韩非子·五蠹》）

（10）初，郑武公娶于申。（《左传·隐公元年》）

（11）许子以釜甑爨，以铁耕乎？（《孟子·滕文公上》）

（12）余船以次俱进。（《资治通鉴·汉纪》）

（13）始知文章合为时而著，歌诗合为事而作。（白居易《与元九书》）

（14）天不为人之恶寒也辍冬。（《荀子·天论》）

（15）季氏富于周公。（《论语·先进》）

（16）不义而富且贵，于我如浮云。（《论语·述而》）

例（1）至例（8）中，介词“从”“到”“在”“用”“按”“由于”“为”“对”“比”，分别介入了表示时间的名词“早上”“晚上”、表示处所的名词“图书馆”、表示工具的名词“毛笔”、表示方式的名词性短语“客观规律”、表示原因的名词性短语“老师的耐心辅导”、表示目的的名词“人民”、表示比较对象的代词“我”。例（9）（10）中，介词“于”分别介入了表示时间的名词“古”“今”以及表示处所的名词“申”。例（11）（12）中，介词“以”分别介入了表示工具的名词“釜甑”“铁”以及表示方式的名词“次”。例（13）（14）中，介词“为”分别介入了表示目的的名词“时”

“事”以及表示原因的名词性短语“人之恶寒”。例（15）（16）中，介词“于”分别介入了比较的对象名词“周公”以及关联的对象代词“我”。

第二，都不能单独充当句子成分，而且同名词、代词或名词性短语组合成的介词结构，也不能做谓语，一般只充当状语或补语。例如：

（1）【沿着河边】走。

（2）【对百姓】负责。

（3）【按照章程】办事。

（4）【从晚上】工作〖到深夜〗。

（5）【在资料室】看报。

（6）这部著作写〖于北京〗。

（7）【缘溪】行，忘路之远近。（陶渊明《桃花源记》）

（8）庖丁【为文惠君】解牛，手之所触……（《庄子·养生主》）

（9）善战者，【因其势】而利导之。（《史记·孙子吴起列传》）

（10）赏〖以春夏〗，刑〖以秋冬〗。（《左传·襄公二十六年》）

（11）今【以长沙、豫章】往，水道多绝，难行。（《史记·西南夷列传》）

（12）子墨子闻之，起〖于齐〗。（《墨子·公输》）

例（1）至例（6）中，介词“沿着”“对”“按照”“从”“到”“在”“于”加上处所名词“河边”“北京”、普通名词“百姓”“章程”“资料室”、时间名词“晚上”“深夜”。例（7）至例（12）中，介词“缘”“为”“因”“以”“于”加上处所名词或名词性短语“溪”“长沙”“豫章”“齐”、专有名词“文惠君”、普通名词“势”，以及表示时间的名词性短语“春夏”“秋冬”组合成介词结构，分别做谓语的状语（用符号“【】”标记）或补语（用符号“〖〗”标记）。

（二）古今汉语介词同中有异的表现

在语法上，古今汉语介词的同中有异主要体现在介词结构的组合方式上。

第一，与名词或名词性短语组合时同中有异。在现代汉语中，介词与名词或名词性短语组合成介词结构时，名词或名词性短语均可置于其后。例如：

(1) 沿着小路走，路的尽头有个房子。

(2) 今年的收成比去年好，挣的钱却差不多。

(3) 学校要求大一的学生在教室上晚自习。

(4) 他住在朝南的房子。

(5) 周末同三五好友聊聊天。

例（1）（2）中介词“沿着”“比”分别与名词“小路”“去年”组合成介词结构，“小路”“去年”置于介词后面。例（3）（4）中介词“在”分别与名词“教室”、名词性短语“朝南的房子”组合成介词结构，“教室”“朝南的房子”同样置于介词后面。例（5）中名词性短语“三五好友”也置于介词“同”的后面。

在古代汉语中，介词与名词或名词性短语组合成介词结构时，有些与现代汉语相同，也是介词在前，名词或名词性短语在后。例如：

(6) 子路宿于石门。（《论语·宪问》）

(7) 儒以文乱法，侠以武犯禁。（《韩非子·五蠹》）

(8) 始吾于人也，听其言而信其行；今吾于人也，听其言而观其行。（《论语·公冶长》）

(9) 项梁乃以八千人渡江而西。（《史记·项羽本纪》）

上例中的名词“石门”“文”“武”“人”以及名词性短语“八千人”，就分别置于介词“于”“以”的后面。

但是古代汉语中有些介词如“以”“向”，在与名词或名词性短语组合成介词结构时，名词或名词性短语可置于介词之前。例如：

(10) 将子无怒，秋以为期。（《诗经·卫风·氓》）

(11) 君若以力，楚国方城以为城，汉水以为池，虽众，无所用之！（《左传·僖公四年》）

(12) 江汉以濯之，秋阳以暴之。（《孟子·滕文公上》）

(13) 子曰：“诗三百，一言以蔽之，曰：思无邪。”（《论语·为政》）

(14) 楚战士无不一以当十。（《史记·项羽本纪》）

(15) 沛公北向坐，张良西向侍。（《史记·项羽本纪》）

例（10）中时间名词“秋”、例（11）中专有名词“方城”“汉水”、例（12）（13）中名词性短语“江汉”“秋阳”“一言”，均做介词“以”的宾语，并置于前面。例（14）中数词“一”具有名物化倾向，相当于名词性短语“一位战士”，做介词“以”的宾语，并置于前面。例（15）中方位名词“北”“西”做介词“向”的宾语，并置于前面。

古代汉语中这种名词或名词性短语做介词的宾语并前置，一般是为了突出宾语，起强调作用。

第二，与代词组合成介词结构时同中有异。在现代汉语中，介词与代词组合成介词结构时，代词均可置于其后。例如：

（1）她替我抄好了佛经。

（2）同他说话很愉快。

（3）在语言分析方面，她比你强。

例（1）至例（3）中，代词“我”“他”“你”分别做介词“替”“同”“比”的宾语，并置于后面。

在古代汉语中，介词与人称代词、指示代词组合成介词结构时，人称代词、指示代词一般也都置于其后。例如：

（4）子曰：“默而识之，学而不厌，诲人不倦，何有于我哉？”（《论语·述而》）

（5）妻不以我为夫，嫂不以我为叔，父母不以我为子，是皆秦之罪也。（《战国策·秦策一》）

（6）为其老，强忍下取履。（《史记·留侯世家》）

例（4）（5）中人称代词“我”分别做介词“于”“以”的宾语，并置于后面。例（6）中指示代词“其”做介词“为”的宾语，也置于后面。

但是，当古代汉语介词同疑问代词组合成介词结构时，疑问代词要置于前面。例如：

（7）子归，何以报我？（《左传·成公三年》）

（8）不然，籍何以至此？（《史记·项羽本纪》）

（9）微斯人，吾谁与归？（范仲淹《岳阳楼记》）

（10）吾谁与为亲？（《庄子·齐物论》）

（11）君子去仁，恶乎成名？（《论语·里仁》）

例（7）（8）中疑问代词“何”做介词“以”的宾语，并置于前面。例（9）（10）中疑问代词“谁”做介词“与”的宾语，并置于前面。例（11）

中疑问代词“恶”做介词“乎”的宾语，并置于前面。

（三）古今汉语同形介词的异同

古今汉语中常见的同形介词“于”“以”“与”“为”“因”，用法有同也有异。

1. 于

“于”在古今汉语中用法基本相同，都做介词。例如：

（1）他出生于1949年。

（2）这部长篇小说写于上海.

（3）人民教师要忠诚于党的教育事业。

（4）集中兵力以击小于我或等于我或稍大于我之敌。（《毛泽东选集》第一卷）

（5）许多房屋毁于战火。

（6）繁启蕃长于春夏，蓄积收藏于秋冬。（《荀子·天论》）

（7）师还，馆于虞。（《左传·僖公五年》）

（8）季氏将有事于颛臾。（《论语·季氏》）

（9）王如知此，则无望民之多于邻国也。（《孟子·梁惠王上》）

（10）怀王……内惑于郑袖，外欺于张仪。（《史记·屈原贾生列传》）

由上例可以看出，介词“于”古今用法大致相同，但是深入分析就会发现，它们之间还是存在细微的差别。在现代汉语中，“于”用作介词使用的范围较窄。借助“于”引进时间、处所、对象以及行为主动者的用法，大都出现在五四运动后早期的白话文著作中，或者有意仿古的语句里。在新中国成立后出版的语文著作中，借助“于”引进时间、对象、比较以及行为主动者的用法也越来越少见了。随着现代汉语表达越来越精确，介词体系也越来越完备，出现了专门表示时间的介词“在”“从”“到”和表示对象的介词“向”“对”“对于”“给”“替”等，以及引进比较的介词“比”和引进行为主动者的介词“被”。这样“于”的上述用法就分别被“在”“从”“到”“向”“对”“对于”“替”“比”“被”等所取代了。

“于”在古今汉语中的另一个用法差异，体现在表示动作行为发生的原因上。在现代汉语中，专门用来表示原因的介词是“由于”，一般不用“于”，但是古代汉语主要用“于”来表示动作行为发生的原因。例如：

(11) 贫生于不足，不足生于不农。(晁错《论贵粟疏》)

(12) 业精于勤，荒于嬉。(韩愈《进学解》)

例(11)中“不足”是“贫”产生的原因，“不农”是“不足”产生的原因，均由介词“于”引进。例(12)中业“精”的原因是“勤”，“荒”的原因是“嬉”，“勤”“嬉”均由介词“于”引进。

2. 以

“以”在古今汉语中用作介词，既有相同点，也有不同点。在现代汉语中，“以”主要用来引进工具、方式、原因等，这与古代汉语相同。例如：

(1) 村与村之间以牛车为交通工具。

(2) 他以他的诗召唤人民，向统治者复仇。

(3) 马来西亚以盛产橡胶和锡而闻名于世。

(4) 寿毕，请以剑舞。(《史记·项羽本纪》)

(5) 儒以文乱法，侠以武犯禁。(《韩非子·五蠹》)

(6) 左右以君贱之也，食以草具。(《战国策·齐策》)

例(1)和例(4)中，介词“以”引进工具。例(2)和例(5)中，“以”引进方式。例(3)中及例(6)中的第一个“以”，引进原因。

介词“以”在古代汉语中用法比较广泛，除上述用法外，还可表示介入时间、处所、对象等意义。例如：

(7) 文以五月五日生。(《史记·孟尝君列传》)

(8) 今以长沙、豫章往，水道多绝，难行。(《史记·西南夷列传》)

(9) 齐桓公独以管仲谋伐莒。(《韩诗外传》卷四)

例(7)中，介词“以”介入时间“五月五日”。例(8)中，“以”介入处所“长沙”“豫章”。例(9)中，“以”介入对象“管仲”。

3. 与

“与”在古今汉语中都可用作介词，但用法既有相同点，也有不同点。相同点是“与”主要都用来引进动作行为所关涉的对象。例如：

(1) 与他非亲非故。

(2) 与困难做斗争。

(3) 欲为千金之裘而与狐谋其皮，欲具少牢之珍而与羊谋其羞。(《太平御览》卷二〇八)

(4) 秦王使使者告赵王，欲与王为好。(《史记·廉颇蔺相如列传》)

上例中，介词“与”分别引进动作行为所关涉的对象“他”“困难”“狐”“羊”“王”。

不同点是在古代汉语中，介词“与”除引进动作行为所关涉的对象外，有时还可引进行为主动者，如：

(5) 吴王夫差……遂与勾践禽，死于干隧。(《战国策·秦策五》)

例(5)中，介词“与”引进动作“禽”所关涉的对象“勾践”，且“勾践”还是动作行为的主动者。

4. 为

“为”在古今汉语中都用作介词，但是用法既有相同之处，也有细微的差别。相同之处是都可用来引进动作行为的对象和目的。例如：

(1) 为人民服务。

(2) 为你庆幸。

(3) 为大家的健康干杯!

(4) 为科教兴国而努力奋斗!

(5) 寡君使群臣为鲁、卫请。(《左传·成公二年》)

(6) 君为我呼入。(《史记·项羽本纪》)

(7) 天下熙熙，皆为利来；天下攘攘，皆为利往。(《史记·货殖列传》)

(8) 始知文章合为时而著，歌诗合为事而作。(白居易《与元九书》)

例(1)(2)和例(5)(6)中，介词“为”分别引进了动作行为“服务”“庆幸”“请”“呼”的对象“人民”“你”“鲁、卫”“我”。例(3)(4)和例(7)(8)中，介词“为”分别引进了动作行为“干杯”“努力奋斗”“来”“往”“著”“作”的目的“大家的健康”“科教兴国”“利”“时”“事”。

差别之处是在古代汉语中，介词“为”还可介入动作行为所关涉的对象、原因以及行为主动者。例如：

(9) 淮阴人为余言，韩信虽为布衣时，其志与众异。(《史记·淮阴侯

列传》）

（10）此中人语云："不足为外人道也。"（陶渊明《桃花源记》）

（11）为其老，强忍下取履。（《史记·留侯世家》）

（12）天不为人之恶寒也辍冬，地不为人之恶辽远也辍广。（《荀子·天论》）

（13）多多益善，何为为我禽？（《史记·淮阴侯列传》）

（14）吾子，白帝子也，化为蛇，当道，今为赤帝子斩之。（《史记·高祖本纪》）

例（9）（10）中，介词"为"使动词"言""道"介入了所关涉的对象"余""外人"。例（11）（12）中，介词"为"介入了原因"其老""人之恶寒""人之恶辽远"。例（13）（14）中，介词"为"介入了行为主动者"我""赤帝子"。

5. 因

"因"在古今汉语中都用作介词，但用法大同小异。相同之处是都可用来介绍动作行为产生的凭借、依据、原因等。例如：

（1）一切对立的成分都是这样，因一定的条件，一面互相对立，一面又互相联结、互相贯通、互相渗透、互相依赖。（《毛泽东选集》第一卷）

（2）然而风格和情绪、倾向之类，不但因人而异，而且因事而异，因时而异。（鲁迅《难得糊涂》）

（3）会议因故改期。

（4）善战者，因其势而利导之。（《史记·孙子吴起列传》）

（5）魏往年大破于齐，诸侯畔之，可因此时伐魏。（《史记·商君列传》）

（6）狄实灭卫，因桓耻而不书。（《史通·外篇·惑经》）

例（1）和例（4）中，介词"因"介绍了动作行为产生的凭借"一定的条件""其势"。例（2）和例（5）中，"因"介绍了动作行为产生的依据"人""事""时""此时"。例（3）和例（6）中，"因"介绍了动作行为产生的原因"故""桓耻"。

除上述用法外，古代汉语介词"因"还能作为动作行为的中介，可理解为"通过……"的意思。例如：

(7) 时子因陈子而以告孟子。(《孟子·公孙丑下》)

(8) 商鞅因景监见，赵良寒心。(司马迁《报任安书》)

第十一章　古代汉语语气词

语气词是既不充当句子成分，也不表示句子成分之间的关系，只表示各种不同语气的词。

句子的语气是多种多样的，有提顿、推测、陈述、祈使、疑问、感叹等。根据古代汉语语气词在句子中的位置，语气词可以分成三类：有的用在句首，这是句首语气词，如“夫”“惟”“盖”“其”等；有的用在句中，这是句中语气词，如“也”“其”“惟”等；有的用在句尾，这是句尾语气词，如“也”“矣”“焉”“耳”“乎”“欤”“邪”“哉”等。三类语气词中以句尾语气词为主，句首语气词在现代汉语中已经没有了。句尾语气词古今都有，但相比较而言古今的变化也很大，可以说是两套不同的语气词。

一、古代汉语句首及句中语气词

现代汉语中没有句首语气词，而语气词放在句中时，它的性质也同古代汉语的句中语气词不同。古代汉语的句首、句中语气词，古人一般把它叫作“发语词”或“发声词”。常见的句首、句中语气词有“夫”“惟”“者”“其”“也”“岂”“盖”等。有的经常用于句首，如“夫”；有的经常用于句中，如“者”“也”；有的既可以用在句首，又可以用在句中，如“盖”“惟”“其”等。

1. 夫

“夫”在古代汉语中常用作句首语气词。句首语气词“夫”是由指示代词“夫”虚化而来的。它经常放在句首表示要发表议论，或者要概述事物的特征以引出下文。在现代汉语中没有跟它意义、用法相当的词。例如：

（1）夫得言不可以不察，数传而白为黑，黑为白。（《吕氏春秋·察传》）

（2）夫如是，故远人不服，则修文德以来之。既来之，则安之。（《论语·季氏》）

这种“夫”字，在现代汉语中没有恰当的词能与之对译。它表示提示和准备要发表议论的语气。

“夫”字还同“且”“故”“若”“今”等词连用，组成固定结构“且夫”“故夫”“若夫”“今夫”等；用在句首，其义是在“且”“故”“若”“今”的基础上增加了“夫”发表议论的作用。“且夫”往往表示更进一步的议论，“故夫”表示说明结果的议论，“若夫”表示一种话题的转移，“今夫”表示举例说明理由的议论。例如：

（3）夫宠而不骄，骄而能降，降而不憾，憾而能眕者，鲜矣。且夫贱妨贵，少陵长，远间亲，新间旧，小加大，淫破义，所谓六逆也。（《左传·隐公三年》）

（4）故夫知效一官，行比一乡，德合一君而征一国者，其自视也亦若此矣。（《庄子·逍遥游》）

（5）若夫淫雨霏霏，连月不开……（范仲淹《岳阳楼记》）

（6）今夫颛臾，固而近于费。今不取，后世必为子孙忧。（《论语·季氏》）

例（3）中的“且夫”表示进一层的意思较为明显；前文先用“夫”提起议论，“且夫”就是表示在前文的基础上更进一步的议论。例（4）中如果不用“夫”字，则只是一般的陈述语气；有了“夫”字，就突出了所阐明的道理和要发议论的语气了。例（5）的“若夫”是用在一个大自然段的开头，其语气一直贯穿到段末；它表示意思上的一个大转折，也表现了阐发议论的语气。例（6）中“今夫”的“今”已经虚化，并不代表具体时间，而表示下文是说明理由的议论。例句中的“今夫”如果去掉“夫”，则“今”字只管到“固而近于费”，是单纯表转折的意思；有了“夫”字，语气就贯穿到最后，重点表示要发议论的语气了。

2. 惟（维、唯）

“惟”（维、唯）字在古代汉语中用作语气词有三种写法，既可以用在句首，也可以用在句中。

“惟”（维、唯）字用在句首，有两种作用。一种是提示、引出主语或时间。例如：

（1）维鹊有巢，维鸠居之。（《诗经·召南·鹊巢》）

（2）惟十有三年春，大会于孟津。（《尚书·周书·泰誓上》）

这种用法多见于《诗经》和《尚书》。后代的仿古文言文有时还在运用。例如：

（3）维治平四年七月。（欧阳修《祭石曼卿文》）

另一种作用是表示希望的语气。例如：

（4）唯荆卿留意焉。（《战国策·燕策三》）

（5）唯大王与群臣孰计议之。（《史记·廉颇蔺相如列传》）

表示希望语气时，一般写作“唯”，不写作“维”，或很少写作“惟”。表示希望语气与表示提示语气是相通的。

“惟”（维、唯）字在句中，主要起引出谓语的作用，这在《诗经》和《尚书》中比较常见。例如：

（6）蚩尤惟始作乱。（《尚书·周书·吕刑》）

（7）周虽旧邦，其命维新。（《诗经·大雅·文王》）

总之，“惟”（维、唯）字在句首、句中做语气词时，都是起引出主语、谓语的作用，带有提示、肯定的语气。

3. 其

古代汉语句首、句中语气词“其”主要表示委婉的语气，在一般句子中相当于现代汉语中的“大概”“恐怕”；在祈使句中，相当于现代汉语中的句尾语气词“吧”“啊”等。例如：

（1）语曰“唇亡则齿寒”，其斯之谓与？（《穀梁传·僖公二年》）

（2）宣子曰：“呜呼！我之怀矣，自诒伊戚，其我之谓矣！”（《左传·宣公二年》）

（3）吾子其无废先君之功！（《左传·隐公三年》）

（4）昭王之不复，君其问诸水滨。（《左传·僖公四年》）

语气词“其”还可以用在反问句中以加强反问语气，相当于现代汉语中的“难道”。例如：

(5) 其谁曰不然？(《左传·隐公元年》)

(6) 且行千里，其谁不知？(《左传·僖公三十二年》)

例（5）（6）这两个例句本身就是反问句，句中的语气词“其”只起加强反问语气的作用，它自身并不表示反问。

4. 岂

古代汉语句首、句中语气词“岂”的主要作用是加强反问语气，与加强反问语气的“其”用法大致相同，相当于现代汉语中的“难道”“怎么”。此外，“岂”还可以表示推测语气，相当于现代汉语中的“莫非”“是不是”等。例如：

(1) 岂非计久长，有子孙相继为王也哉？(《战国策·赵策四》)

(2) 民欲与之偕亡，虽有台池鸟兽，岂能独乐哉？（《孟子·梁惠王上》)

(3) 其余则熙熙而乐，岂若吾乡邻之旦旦有是哉！（柳宗元《捕蛇者说》)

(4) 将军岂有意乎？(《史记·刺客列传》)

(5) 子常宣言代我相秦，岂有此乎？(《战国策·秦策三》)

例（1）至例（3）中，“岂”表反问。例（4）（5）中，“岂”表推测。

5. 者

古代汉语句中语气词“者”经常用在句子中间，表示停顿语气。“者”可用于句中主语、兼语后，表示主语、兼语的停顿；还可用于分句后，表示分句的停顿。

第一，语气词“者”表主语的停顿。例如：

(1) 北山愚公者，年且九十。(《列子·汤问》)

(2) 廉颇者，赵之良将也。(《史记·廉颇蔺相如列传》)

(3) 南冥者，天池也。(《庄子·逍遥游》)

上例中的“者”位于主语后，表示主语的停顿。例（2）（3）中的语气词“者”和句尾语气词“也”搭配使用，组成“……者……也”句式，这是判断句的典型格式，能起到帮助判断的作用。

语气词“者”还可以位于“有”字宾语后，表示提顿，而这个“有”字宾语同时做其他动词的主语，因此“者”实质上是位于兼语后，表示停顿。例如：

（4）有蒋氏者，专其利三世矣。（柳宗元《捕蛇者说》）

（5）有郭四者，凡四杀人。（方苞《狱中杂记》）

（6）楚有宋玉、唐勒、景差之徒者，皆好辞而以赋见称。（《史记·屈原贾生列传》）

第二，语气词“者”还可以放在假设、因果复句中，表示分句的停顿。例如：

（1）尽吾志也而不能至者，可以无悔矣。（王安石《游褒禅山记》）

（2）不者，若属皆且为所虏。（《史记·项羽本纪》）

（3）然而不胜者，是天时不如地利也。（《孟子·公孙丑下》）

（4）孟尝君为相数十年，无纤介之祸者，冯谖之计也。（《战国策·齐策四》）

6. 也

古代汉语句中语气词“也”与句中语气词“者”的用法相似，可以位于主语后、时间状语后、分句后，表示停顿。例如：

（1）子曰：“贤哉，回也！”（《论语·雍也》）

（2）是说也，人常疑之。（苏轼《石钟山记》）

（3）然则子之失伍也亦多矣！（《孟子·公孙丑下》）

例（1）是主谓倒装的感叹句，“回”是主语，语气词“也”位于其后，表停顿。例（2）是判断句，“也”位于主语之后，表停顿。例（3）的主谓短语“子失伍”中主语和谓语之间插入虚词“之”后充当句子的主语，语气词“也”位于其后，表停顿。

当时间名词做状语时，句中语气词“也”位于其后，表停顿。例如：

（4）今也则亡，未闻好学者也。（《论语·雍也》）

（5）古也，墓而不坟。（《礼记·檀弓上》）

句中语气词“也”还可位于前一分句后，表停顿。例如：

（6）夫子至于是邦也，必闻其政。（《论语·学而》）

（7）赤之适齐也，乘肥马，衣轻裘。（《论语·雍也》）

二、古代汉语句尾语气词

古代汉语常用的句尾语气词有“也”“矣”“乎”“与（欤）”“邪（耶）”“哉”等，它们表达各种不同的语气。一个句尾语气词可以用于不同类型的句子中，但其所表达的基本语气应该是固定的。

1. 也

“也”在古代汉语中除了做句中语气词，还做句尾语气词。主要表示确认语气，这是句尾语气词“也”的基本作用。它经常用于判断句的句尾，表示确定不移的判断。“也”字也用在其他类型句子的句尾，所表达的语气虽然会相应地产生一些变化，但基本上没有脱离判断语气的范畴。

第一，判断句中的句尾语气词“也”。例如：

（1）虎见之，庞然大物也。（柳宗元《黔之驴》）

（2）曹公，豺虎也。（《三国志·吴书·周瑜鲁肃吕蒙传》）

（3）谓之君子而射之，非礼也。（《左传·成公二年》）

例（1）至例（3）是判断句，前两例是肯定判断，后一例是否定判断。例句中的语气词“也”在肯定判断句或否定判断句中，表示确定是什么或不是什么的语气。

第二，陈述句中的句尾语气词“也”。例如：

（1）二者不可得兼，舍鱼而取熊掌者也。（《孟子·告子上》）

（2）雷霆乍惊，宫车过也。（杜牧《阿房宫赋》）

（3）保民而王，莫之能御也。（《孟子·梁惠王上》）

此三例中，句尾语气词“也”表示对所陈述事物的一种肯定，是肯定语气。判断句中的“也”字表示判断的语气，二者是相通的。

第三，祈使句中的句尾语气词“也”。例如：

（1）不及黄泉，无相见也。（《左传·隐公元年》）

（2）欲呼张良与俱去。曰：“毋从俱死也。”（《史记·项羽本纪》）

上例中，祈使的意义是由禁止性否定副词“无”（毋）来表示的；“也”表示对这种命令的一种肯定，也表示一种肯定语气或者叫作确定语气。两个例句的“也”字可以去掉，去掉后仍然是祈使句。

第四，疑问句中的句尾语气词“也”。例如：

（1）孔文子何以谓之“文”也？（《论语·公冶长》）

（2）齐人无以仁义与王言者，岂以仁义为不美也？（《孟子·公孙丑下》）

（3）不识臣之力也？君之力也？（《韩非子·难二》）

句尾语气词“也”用在疑问句中仍然表示肯定和判断语气。如例（1）是一个特指疑问句，同时也是一个表示疑问的判断句。句中的“也”字是表示判断的，句子的疑问性质是由疑问代词“何”来表示的。例（2）是一个反问句，句中的疑问语气是由反诘副词“岂”来表示的，句尾语气词“也”是对这种反问的肯定。例（3）是个选择问句，疑问的性质是由句式本身表示的。就“臣之力也”“君之力也”本身来分析它们，都是判断句的谓语性质，“也”字还是表示判断语气的。

第五，复句中的句尾语气词“也”。

在复句中，“也”字常用在最后一个分句的句尾，表示对这个复句的判断加以肯定和确认，也表示肯定的语气。例如：

（1）若潜师以来，国可得也。（《左传·僖公三十二年》）

（2）虽杀臣，不能绝也。（《墨子·公输》）

（3）赏罚不信，故士民不死也。（《韩非子·初见秦》）

（4）蚓无爪牙之利，筋骨之强，上食埃土，下饮黄泉，用心一也。（《荀子·劝学》）

例（1）是一个表示假设关系的复句：前一个分句表假设，后一个分句表结果。例（2）是一个表让步关系的复句：前一个分句表让步条件，后一个分句表示在这种让步条件下所产生的结果。例（3）（4）是表示因果关系的复句：例（3）中前一个分句表示原因，后一个分句表示结果；例（4）中前一个分句表示结果，后一个分句表示原因。在这四个例句中，前三个句尾语气词“也”都用在结果分句的后面，它的作用是对这种结果加以肯定或确认，表示一种肯定的语气、确定的语气；后一个例句的句尾语气词“也”是对原因的肯定。不论结果还是原因，都是对事情的原委进行一种判断，或论断原因，或论断结果。“也”字就是对这种论断加以肯定或确认，作用是一致的。

2. 矣

“矣”是古代汉语中一个表示陈述语气的句尾语气词，常用于表示事物发展、变化到了一种新的情况，相当于现代汉语中的“了”。“矣”同句尾语气词“也”有明显的不同：句尾语气词“也”是静态地对事物进行某种判断，以帮助表示判断或肯定语气；“矣”是动态地把事物发展的现阶段作为新情况表达出来，以帮助表示陈述语气。例如：

（1）骨已尽矣，而两狼之并驱如故。（《聊斋志异·狼三则》）

（2）余病矣。（《左传·成公二年》）

例（1）中，句尾语气词“矣”帮助强调骨头没了这一新情况。例（2）的意思是“我伤势严重了”，而在这之前没有这种情况，句尾语气词“矣”帮助强调这种变化。“矣”字并不表示一种“已然”的语气，即完成、完结的语气，而是强调事物的发展变化，把事物的发展当作一种新情况陈述出来。

句尾语气词“矣”与“既”“尝”“已”等表示已然的时间副词搭配使用，可将已经发生的某件事情当作新的情况陈述出来。例如：

（3）鸡既鸣矣。（《诗经·齐风·鸡鸣》）

（4）且君尝为晋君赐矣。（《左传·僖公三十年》）

（5）平原君曰：“胜已泄之矣！”（《战国策·赵策三》）

例（3）至例（5）中，“鸣”“为晋君赐”“泄之”这些动作、行为已经发生，并非新情况，但说话者是将之作为新情况来告诉别人的。

句尾语气词“矣”还可以把没有发生的事情当作必将出现的新情况表达出来，也是强调事物的发展变化，仍表示陈述的语气。例如：

（6）孔子曰：“诺。吾将仕矣。”（《论语·阳货》）

（7）臣头今与璧俱碎于柱矣！（《史记·廉颇蔺相如列传》）

上例中的“仕”“俱碎”都没有发生，加上语气词“矣”就强调了这种新情况发生的可能性。

句尾语气词“矣”还可以表示在某种假设的条件下，将要出现某种新的情况。例如：

（8）君能补过，衮不废矣。（《左传·宣公二年》）

（9）向吾不为斯役，则久已病矣。（柳宗元《捕蛇者说》）

这是两个表假设或条件的复句：前一个分句表假设或条件，后一个分句表结果。两个例子都是未曾发生的事情，这里只是说在这种假设条件下，必将产生这样的结果；“矣”字在句中是把这种假设条件下必将产生的这种结果当作新情况告诉别人，也是表陈述语气。

句尾语气词“矣”也可以用在描写句中，同样表达新的情况。例如：

(10) 天之弃商久矣。(《左传·僖公二十二年》)

(11) 国危矣。(《左传·僖公三十年》)

(12) 甚矣吾衰也！久矣吾不复梦见周公。(《论语·述而》)

例(10)(11)中的“久”“危”均是形容词，加上语气词“矣”，含有陈述一种事物状态的意思。“久矣”是说“时间长”这种新情况的存在，“危矣”是说国家存在“危”这种新情况了。例(12)是谓语倒装，句尾语气词“矣”帮助把这种事物的状态当作新情况表达出来的作用更为明显，“矣”仍然表示陈述语气。

句尾语气词“矣”还可以用在祈使句、疑问句中。例如：

(13) 善哉，吾请无攻宋矣！(《墨子·公输》)

(14) 何得车之多也？子行矣！(《庄子·列御寇》)

(15) 事将奈何矣？(《战国策·赵策三》)

(16) 既无德政，又无威刑，是以及邪。邪而诅之，将何益矣？(《左传·隐公十一年》)

例(13)(14)是两个祈使句，例(15)(16)是两个疑问句。祈使的语气是由全句的语调和词语的全部内涵来表现的，疑问句是因句中用了表示疑问的代词“何”“奈何”而具有疑问的语气。祈使的语气、疑问的语气不是由“矣”字表达的，“矣”字在句中仍然表示陈述语气。

3. 哉、夫、猗

古代汉语句尾语气词“哉”“夫”“猗”用于表示感叹语气。

第一，“哉”字所表示的语气比较单纯，它的基本作用是表示感叹的语气，而且感叹的语气较为强烈，同现代汉语中的“啊”字作用大致相当。例如：

(1) 沽之哉！沽之哉！(《论语·子罕》)

(2) 疾走料虎头，编虎须，几不免虎口哉！(《庄子·盗跖》)

在谓语前置的句子中，“哉”字表示感叹的语气更为强烈。例如：

（3）有是哉，子之迂也。（《论语·子路》）

（4）君哉舜也！（《孟子·滕文公上》）

（5）快哉此风！（宋玉《风赋》）

“哉”字更多的时候用于反问句和询问句，在句中的作用实质上还是表示感叹语气。例如：

（6）晋，吾宗也，岂害我哉？（《左传·僖公五年》）

（7）燕雀安知鸿鹄之志哉？（《史记·陈涉世家》）

（8）岂人主之子孙则必不善哉？（《战国策·赵策四》）

（9）默而识之，学而不厌，诲人不倦，何有于我哉？（《论语·述而》）

（10）天实为之，谓之何哉？（《诗经·邶风·北门》）

（11）夫风始安生哉？（宋玉《风赋》）

例（6）至例（9）是反问句，例（10）（11）是一般疑问句。在这种反问句和一般疑问句中，反问语气或疑问语气是由句中的疑问代词“何”“恶”“安”，或者表疑问的副词“岂”等来表示的，而“哉”字在句中的作用还是表示感叹语气。

第二，古代汉语中的“夫”字也可用在句尾表示感叹语气，相当于现代汉语中的“吧”或“啊”。例如：

（1）逝者如斯夫！不舍昼夜。（《论语·子罕》）

（2）南人有言曰：“人而无恒，不可以作巫医。”善夫！（《论语·子路》）

“夫”多用在表惋惜、哀叹的句子中，因此所表示的感叹语气似乎比“哉”字要低沉一些。

第三，还有一个“猗”字，有时也可用来表示感叹语气。例如：

坎坎伐檀兮，置之河之干兮，河水清且涟猗！（《诗经·魏风·伐檀》）

“清且涟猗”的“猗”是句尾语气词，相当于“兮”“啊”的意思。“猗”字的上古音同现代汉语中的“呀”字相近，因此翻译成现代汉语时也可以用“呀”字。

此外，还有上面例句中的“兮”字，也常用在韵文的句中或句末，特别是《楚辞》用得较多。“兮”字也带有抒发感情的作用，可译作现代汉语中的“啊”，不过它主要表示停顿、舒缓的语气。

4. 乎、与（欤）、邪（耶）

古代汉语中的“乎”“与（欤）”“邪（耶）”都是表示疑问语气的句尾语气词。

第一，“乎”字的疑问语气最强，用得也最为普遍。“乎”是古代汉语中表示疑问语气的句尾语气词，相当于现代汉语中的“吗”“呢”。

句尾语气词“乎”常用在是非疑问句中。例如：

（1）丈夫亦爱怜其少子乎？（《战国策·赵策四》）

（2）子路问曰：“子见夫子乎？”（《论语·微子》）

（3）乐正夔一足，信乎？（《吕氏春秋·察传》）

例（1）至例（3）中，“乎”字相当于现代汉语“吗”字。如果不用“乎”字，则疑问语气就表现不出来，往往变成了一般的陈述句。

句尾语气词“乎”还可以用在选择疑问句中。例如：

（4）此龟者，宁其死为留骨而贵乎？宁其生而曳尾于涂中乎？（《庄子·秋水》）

（5）事齐乎？事楚乎？（《孟子·梁惠王下》）

上例中的“乎”相当于现代汉语中的“呢”。这种选择疑问句由于把不同情况都列举出来了，有时可不用“乎”，但有“乎”疑问的语气会更强一些。

句尾语气词“乎”也可以用在特指疑问句中。汉代以后，特指疑问句中使用“乎”表疑问语气的较多。例如：

（6）轸不之楚，何归乎？（《史记·张仪列传》）

（7）孔子不能决也。两小儿笑曰：“孰为汝多知乎？”（《列子·汤问》）

上例中的“乎”相当于现代汉语中的“呢”。

句尾语气词“乎”在反问句中，常常与句中的疑问代词、否定副词“不”或“岂”“宁”“况”等相呼应，以表示反问语气。反问句本可以不用疑问语气词，但用了疑问语气词“乎”后，疑问的语气会更强一些。例如：

（8）此率民而出于无用者，何为至今不杀乎？（《战国策·齐策四》）

（9）子墨子曰：“然，胡不已乎？”（《墨子·公输》）

（10）子随我后，观百兽之见我而敢不走乎？（《战国策·楚策一》）

（11）王侯将相宁有种乎？（《史记·陈涉世家》）

（12）岂先贱而后尊贵者乎？（《战国策·齐策四》）

上例中的“乎”字，译成现代汉语也相当于“呢”字。

“乎”字还可同否定副词“不”、情态副词“亦”构成一种常见的反问句式“不亦……乎”。例如：

（13）学而时习之，不亦说乎？（《论语·学而》）

（14）而彭祖乃今以久特闻，众人匹之，不亦悲乎？（《庄子·逍遥游》）

（15）求剑若此，不亦惑乎？（《吕氏春秋·察今》）

这是古代的一种比较委婉的反问句，实际上是用一种反问的形式表示肯定的意思。这种格式中的“乎”，译成现代汉语相当于“吗”。

“乎”字还可以和句首、句中语气词“其”或词组“得无”“无乃”等相呼应，使全句表示委婉的推测语气。例如：

（16）大义灭亲，其是之谓乎？（《左传·隐公四年》）

（17）日食饮得无衰乎？（《战国策·赵策四》）

（18）出三日而五灾至，无乃不可乎？（《荀子·儒效》）

这种句子的委婉推测语气，其实主要是由句首、句中语气词“其”或词组“得无”“无乃”所表示的。“乎”字在句中仍然带有疑问的语气，译成现代汉语相当于“吧”字。

句尾语气词“乎”还可以用在感叹句中。例如：

（19）长铗归来乎！（《战国策·齐策四》）

（20）善哉，技盖至此乎！（《庄子·养生主》）

感叹句中的“乎”，相当于现代汉语中的“吧”或“啊”。

第二，句尾语气词“与”又写作“欤”，“邪”又写作“耶”。它们也是古代汉语中常见的疑问语气词，也都可以用在各种类型的疑问句中，主要表示商量、询问的语气；说话人如果对某事不确定，就用疑问的方式请对方加以证实，相当于现代汉语中的“吧”或“吗”。例如：

（1）是鲁孔丘与？（《论语·微子》）

（2）车马有行色，得微往见跖邪？（《庄子·盗跖》）

（3）此天下之害与？天下之利与？即必曰天下之利也。（《墨子·兼爱下》）

（4）天之苍苍，其正色邪？其远而无所至极邪？（《庄子·逍遥游》）

(5) 然则治天下，独可耕且为与？(《孟子·滕文公上》)

(6) 今子欲以子之梁国而吓我邪？(《庄子·秋水》)

(7) 是谁之过与？(《论语·季氏》)

(8) 子何为者邪？(《庄子·外物》)

例 (1)(2) 中，句尾语气词“与”和“邪”用于是非疑问句中。例 (3)(4) 中，句尾语气词“与”和“邪”用于选择疑问句中。例 (5)(6) 中，句尾语气词“与”和“邪”用于反问句中。例 (7)(8) 中，句尾语气词“与”和“邪”用于特指疑问句中。

“与”和“邪”虽然与“乎”均表示疑问语气，但语气没有“乎”强。“与”和“邪”只表示说话人猜想大约是什么样，但又不能确定而向对方求证，因而带有探询的语气。由于“与”和“邪”的上古音很接近，有的古书只用“与”而不用“邪”，例如《论语》《孟子》，有的古书则多用“邪”而很少用“与”，例如《庄子》。因此，“与”和“邪”的用法有可能是方言的差别。

三、语气词的连用

在现代汉语中，一个句子一般只在句尾使用一个语气词；而在古代汉语中，一个句子既可在句尾使用一个语气词，也可同时使用几个语气词。前面已经介绍过，古代汉语各个语气词都有自己所表示的特定的语气，因此一句话中往往可以把两三个语气词连在一起使用。

第一，表疑问的语气词可位于判断语气词、陈述语气词后。例如：

(1) 位其不可不慎也乎！(《左传·成公二年》)

(2) 女为《周南》《召南》矣乎？(《论语·阳货》)

(3) 斯谓之君子已乎？(《论语·颜渊》)

(4) 季康子问：“仲由可使从政也与！”(《论语·雍也》)

(5) 何愚也耶！(李清照《金石录后序》)

例 (1) 至例 (3) 中，疑问语气词“乎”，用于判断语气词“也”及陈述语气词“矣”“已”后。例 (4)(5) 中，疑问语气词“与”“耶”，用于判断语气词“也”的后面。

第二，表感叹的语气词可位于疑问语气词、陈述语气词、判断语气词后。例如：

（1）吾纵生无益于人，吾可以死害于人乎哉？（《礼记·檀弓上》）

（2）言不忠信，行不笃敬，虽州里行乎哉？（《论语·卫灵公》）

（3）饱食终日，无所用心，难矣哉！（《论语·阳货》）

（4）博学于文，约之以礼，亦可以弗畔矣夫！（《论语·颜渊》）

（5）何可胜道也哉！（王安石《游褒禅山记》）

（6）子曰：“莫我知也夫！”（《论语·宪问》）

例（1）（2）的感叹语气词“哉”，用在疑问语气词“乎”后。例（3）（4）的感叹语气词“哉”“夫”，用于陈述语气词“矣”后。例（5）（6）的感叹语气词“哉”“夫”，用于判断语气词“也”后。

须注意的是，两个语气词连用时，每个语气词都保留各自所表示的语气，只不过语气的重点一般是落在后面那个语气词上。

第三，三个语气词连用。例如：

（1）亦各言其志也已矣。（《论语·先进》）

（2）吾罪也乎哉！（《左传·襄公二十五年》）

（3）鄙夫可与事君也与哉！（《论语·阳货》）

三个语气词连用时，各个语气词也仍然保留各自所表示的语气，而语气的重点一般也落在最后那个语气词上。

参考文献

[1] 王力. 汉语语法史 [M]. 北京：商务印书馆,1989.

[2] 王力. 汉语史稿 [M]. 北京：中华书局，1980.

[3] 杨树达. 词诠 [M]. 北京：中华书局，1978.

[4] 吕叔湘. 汉语语法分析问题 [M]. 北京：商务印书馆，1979.

[5] 俞樾，王引之，等. 古书字义用法丛刊 [M]. 北京：北京市中国书店，1984.

[6] 杨伯峻. 文言语法 [M]. 北京：北京出版社,1956.

[7] 马建忠. 马氏文通 [M]. 北京：商务印书馆,1983.

[8] 裴学海. 古书虚字集释 [M]. 北京：中华书局,1954.

[9] 郑奠，麦梅翘. 古汉语语法学资料汇编 [M]. 北京：中华书局，1964.

[10] 刘坚，蒋绍愚. 近代汉语语法资料汇编：宋代卷 [M]. 北京：商务印书馆，1992.

[11] 吕叔湘. 近代汉语指代词 [M]. 上海：学林出版社，1985.

[12] 蒋绍愚. 近代汉语研究概况 [M]. 北京：北京大学出版社，1994.

[13] 孙良明. 古代汉语语法变化研究 [M]. 北京：语文出版社，1994.

[14] 于富章. 古代汉语语法新编 [M]. 长春：东北师范大学出版社，1987.

[15] 龚千炎. 中国语法学史稿 [M]. 北京：语文出版社，1987.

[16] 李靖之，李立. 文言虚词诠释 [M]. 北京：中国劳动出版社，1994.

[17] 刘利，庞月光. 语法应用通则 [M]. 沈阳：春风文艺出版社，1999.

[18] 王宁. 文言文阅读基本能力培养 [M]. 北京：学苑出版社，1990.

[19] 张玉金. 西周汉语代词研究 [M]. 北京：中华书局，2006.

[20] 杨伯峻，何乐士. 古汉语语法及其发展 [M]. 北京：语文出版社，1992.
[21] 杨伯峻. 古汉语虚词 [M]. 北京：中华书局,1981.
[22] 张玉金. 甲骨文语法学 [M]. 上海：学林出版社,2001.
[23] 周法高. 中国古代语法·称代编 [M]. 台北：台联国风出版社，1959.
[24] 程俊英. 诗经译注 [M]. 上海：上海古籍出版社，1985.
[25] 崔立斌.《孟子》词类研究 [M]. 开封：河南大学出版社，2004.
[26] 郭锡良，李玲璞. 古代汉语 [M]. 北京：语文出版社，1992.
[27] 王力. 古代汉语 [M]. 北京：中华书局，1978.
[28] 耿振生. 古代汉语的动补结构和“以”字短语的语法功能 [J]. 古汉语研究，1996 (2).
[29] 郝维平. 上古汉语的“所”字新探 [J]. 古汉语研究，1996 (2).
[30] 郭锡良. 介词“以”的起源和发展 [J]. 古汉语研究，1998 (1).
[31] 竟成. 简论汉语人称代词 [J]. 古汉语研究，1996 (1).
[32] 张福德.《史记》中的“以”字析论 [J]. 古汉语研究，1997 (1).
[33] 洪诚. 关于上古汉语中第三人称代词问题的思考 [J]. 南京大学学报，1962 (4).
[34] 黄盛璋. 古汉语的人称代词研究 [J]. 中国语文，1963 (6).
[35] 李佐丰. 古代汉语语法学 [M]. 北京：商务印书馆，2004.
[36] 吕叔湘. 指示代词的二分法和三分法 [J]. 中国语文，1990 (6).
[37] 徐莉莉. 马王堆汉墓帛书（肆）所见称数法考察 [J]. 古汉语研究，1997 (1).
[38] 李先银. 汉语个体量词的产生及其原因探讨 [J]. 保定师范专科学校学报，2002 (1).
[39] 远征文. 谈文言副词兼表判断 [J]. 湖州师范学院学报，1983 (2).
[40] 王慧菊.《诗经》中的程度副词“既”考察 [J]. 乐山师范学院学报，2004 (9).
[41] 吴国忠. 古汉语介词“于”使用的随意性 [J]. 求是学刊，1989 (6).

[42] 董莲池. 假设分句主谓之间“而”字新探 [J]. 古汉语研究，1990（2）.
[43] 汪维辉.“所以”完全变成连词的时代 [J]. 古汉语研究，2002（2）.